Für meine Frau

Titelbild: Darstellung im Augsburger Dom vom Propheten Daniel (Süddeutsche Glasmalerei) (zeno.org)

DAS BUCH DANIEL

Zwischen Gott und Weltmacht

guenther h. klein

Die Deutsche Bibliothek CIP –
Einheitsaufnahme

Mit einer Abbildung und verschiedene
Zeittafeln

Impressum:

Herstellung und Verlag:
BoD – Books on Demand, Norderstedt

Satz und Gestaltung: $\LaTeX 2_\varepsilon$

Alle Textrechte: ©2020 guenther h. klein

ISBN: 9783751920483

Printed in Germany

INHALTSVERZEICHNIS

VORWORT

IM VORDERGRUND dieser Betrachtung steht das Buch Daniel.[1] Das Buch wurde als eines der letzten dem biblischen Kanon hinzugefügt.

An der zeitlichen Einordnung Daniels gibt es keine Zweifel. Er hat zur Zeit des Königs Jojakim von Juda gelebt; man schreibt das Jahr um 600 v.Chr. Zur damaligen Zeit zog der legendäre neubabylonische König Nebukadnezar zum ersten Mal nach Jerusalem. Er nahm Jojakim in Ketten gefangen. Er starb dort 598 v.Chr. Diese zeitliche Entfernung von damals zu heute beträgt annähernd rund 2800 Jahre. Nicht nur diese große Zeitspanne macht Schwierigkeiten, das Buch einzuordnen, sondern auch was Sprache, Eigenarten und Bräuche sowohl der gesamten nahöstlichen Völker als auch der Juden betreffen.

Mit diesen wenigen Worten wird bereits deutlich, um was es geht. Das Buch Daniel und die gleichnamige Person betrachte ich aus historischer Sicht. Das Buch

---

[1] hebr. דָּנִיֵּאל

Daniel ist in die Geschichte des Alten Orients einverwoben. Davon ist es sich nicht wegdenkbar. Die Träume, die er selbst hatte, und die die nahöstlichen Könige hatten, will er deuten. Auch im späteren Verlauf des biblischen Buches gibt es weitere Träume. Diese hat er aber nicht selbst, und das ist erstaunlich, sondern wurden durch Schriftgelehrte erdacht und niedergeschrieben. Das bezeugt ein einziger biblischer Vers, der im ersten Kapitel steht.

Als Daniel und seine drei Freunde durch den König Nebukadnezar nach Babel deportiert wurden, waren sie noch jung. Dabei besteht keine Übereinstimmung zwischen einzelnen Bibelübersetzungen, was das Alter angeht. Während hebräische Bibeln Daniel einen Knaben heißen, machen die Luther- und die Elberfelder-Übersetzung einen jungen Mann daraus. Im Wesentlichen war man sich nicht klar darüber, wie man das Alter Daniels am besten bestimmen könnte. Über das genaue Alter schweigt die Bibel. Man kann aber von einem Lebensalter von etwa 10–12 Jahren ausgehen, als sie nach Babel geführt wurden. Als Zeitpunkt der ersten Wegführung waren die Jahre 600-598. Für unsere Ohren klingt der »junge Mann« vertrauter als »Knaben«. Diese Erörterung des Lebensalters Daniels ist nicht erforderlich, näher bestimmt zu werden. Das gibt auch Raum für Spekulationen. Das Lebensalter Daniels reichte von etwa 615 bis zum ersten Jahr des persischen Königs Kyrus (Regierungszeit von 559 bis

529 v.Chr.). Damals dürfte Daniel rund 55 Jahre alt gewesen sein, als er starb oder anderweitige Aufgaben übernahm. Bei solchen Berechnungen sollte eines nicht vergessen werden: Die Regierungszeit Nebukadnezar war zu Ende. Damit waren auch Verfolgungen und Unterjochungen vorbei. Mit dem persischen König Kyros begann es neues Zeitalter.

Das biblische Buch umfasste eine Zeitspanne von mehr als 450 Jahren. Das ist der Grund dafür, dass weitere Autoren sich des Buchs angenommen und Zusätze angebracht haben. Das 8. Kapitel beinhaltet die Vision vom Widder und Ziegenbock.

Ein weiterer Punkt gilt es noch zu berücksichtigen: Alle orientalischen Sprachen lieben die Begeisterung der Rede, den Schwung der Dichtung, die blumige Ausdrucksweise, die Schlichtheit der Prosa und das herzzerreißende Klagen bei Leid und Tod. Der Psalmist steht unter diesem Eindruck und schreibt:

Psalm 137,1:
»An den Strömen von Babel, da saßen wir und weinten, wenn wir an Zion dachten.«

Das wird deshalb in dieser Ausführlichkeit erwähnt, weil unsere Sprache von Rationalität geprägt ist, während die Sprache und das Lebensgefühl der damaligen Menschen mehr emotionaler Art ist. Diese Empfindungen, Sehnsüchte und Erwartungen können heute nicht mehr nachvollzogen werden. Daher kann das Buch Daniel nur aus zeitlicher Distanz betrachtet werden. Es versteht sich von selbst, dass man die damalige Zeit nicht zurückholen kann. So sind die einzelnen Episoden des Buchs mit der inneren Erwartungshaltung des jüdischen Volkes verbunden, die von Verfolgung und Demütigung geprägt waren.

Der Gott der Juden steht im Widerspruch zu den damaligen Weltmächten Assyrien, Babylonien, Persien und Makedonien (Griechenland). Das Buch Daniel beschreibt solche Auseinandersetzungen. Dazu gibt es noch weitere Besonderheiten zu erwähnen.

- Israel als kleines Land konnte militärisch wenig gegen die damaligen Weltmächte ausrichten. Was blieb waren ihre Sehnsüchte und Erwartungen, die sie an ihren Gott richteten. Er sollte für sein Volk streiten, wenn möglich für sie gewinnen.
- Daniel deutet die Träume und Visionen der altorientalischen Könige. Er zeigte sich dabei als weitaus Kundiger als die übrigen Traumdeuter. Bei solchen nächtlichen Traumdeutungen ging Daniel regelmäßig als Sieger hervor. Daniel gibt einesteils als ein gottesfürchtiger Mann und andererseits deutet er die Träume der weltlichen Könige. Dieser Spagat – Daniel zwischen Gott und Weltreich – ist ein weiterer Inhalt des Buchs Daniel. Damit ist ein Epos entstanden, das wir

heute vor uns haben.

- Mit den Kapiteln 7-12 hat Daniel selbst wiederholt Träume, die er sich selbst deutet und sich sogar auslegen lässt. Diese Kapitel gehören zu den Besonderheiten des biblischen Buchs. Ausgehend davon, dass das Volk Israel nichts gegen die herrschenden Weltreiche ausrichten konnte und ausgehend davon, dass Daniel bzw. die Schreibschulen um Daniel – es waren Priester, Schriftgelehrte und fromme Schriftkundige – welche die irdischen Weltreiche in himmlische Örter verlegten; sie taten so, als hätte Anfang und Ende der Weltreiche bereits im Himmel stattgefunden. Aus diesem Grund erscheinen zur passenden Zeit die Erzengel Gabriel und Michael, die auf die realen Weltreiche Einfluss nahmen.

Wie bereits gesagt, betrachte ich das Buch Daniel aus historischer Sicht. Begriffe wie Träume, Traumgesichte und Visionen spielen nur am Rand eine Rolle. Solcherlei Begriffe finden nur nachts statt. Solche nächtlichen Ereignisse wurden gesammelt und später zu einer Schrift zusammengefasst. Der Aufbau des biblischen Buchs Daniel geschah zunächst während der Zeit des Königs Nebukadnezars. Darüber hinaus reicht das Buch Daniel bis weit in die griechische Zeit hinein. Daher war Daniel nicht mehr der Verfasser, sondern es werden jüdische Persönlichkeiten gewesen sein, die das Buch während oder zum Ende der makkabäischen Freiheitskämpfe fertig geschrieben haben. Die Herrschaft der Griechen reichte bis etwa 130 v.Chr. Das biblische Buch Daniel umfasst einen Zeitraum von 600 bis 130 v.Chr. und damit rund 470 Jahre.

Die Epoche der Juden geht von 175 bis 134 v.Chr. Das war die Zeit der Makkabäer[2]. Das waren Juden, die sich gegen die hellenistische Herrschaft und sich vor allem gegen die Herrschaft des Antiochos Epiphanes aufgelehnt hatten.

Ein weiterer Punkt, der zu Fragen Anlass gibt, ist das, was Sprache angeht. Die zu Anfang verwendete hebräische Sprache geht von Kapitel 2,4 bis 7,28 ins Aramäische über, kehrt dann am Schluss des Buchs wieder zur hebräischen Sprache zurück. Glaubt man den alten Gelehrten, wurde die aramäische Sprache, die zur Quadratschrift zählte, zusammen mit der babylonischen Sprache gesprochen. Die eigentliche hebräische Sprache sei vom einfachen Volk gesprochen worden. Es werden auch Samaritaner genannt, welche die hebräische Sprache gepflegt haben sollen. Daher haben am Buch Daniel entsprechend sprachlich versierte Gelehrte mitgewirkt.

Dass man sich mit Hilfe der Sprache verständigen konnte, bedarf keiner weiteren Erläuterung. Die Schwierigkeit liegt jedoch darin, die gesprochene Spra-

---

[2]Benannt nach dem Ehrennamen Makkaba d.h. Hämmerer.

che schriftlich zu fixieren, damit sie auch von anderen Menschen gelesen werden konnte. Das ist ein Spezialgebiet, das zwar höchst interessant ist, hier aber nicht behandelt werden soll. Fast am Buchende ist ein Keilschrifttext eingefügt. Auch die sprachlichen Anredeformen wechseln, ohne dass ein Grund ersichtlich wäre. Daniel spricht zunächst in der dritten Person, dann redet er bisweilen selbst in der ersten und sogar der König Nebukadnezar kommt in der ersten Person zu Wort. All das zeigt, dass geschichtliche und sprachliche Verflechtungen in das Buch eingeflossen sind, die sich der einfachen Deutung entgegenstellen. Zum Leidwesen des Buch gehört es, dass Daniel bzw. die Schriftgelehrten Namen Gottes nur indirekt verwendeten.

Das Buch Daniel hat in unserer westlichen Kultur nicht mehr die Bedeutung, die sie damals hatten. Prophetie und Vorhersage gab es damals. Man meint im Buch Daniel gäbe es Vorhersagen, die sich auf Jesus Christus und auf das Ende der Welt beziehen würden, das ist nicht möglich. Es sind die Siebzig Siebenheiten, die mit 490 Jahren gleichgesetzt wurden, und so auf das Kommen von Jesus Christus hingerechnet wurden. Der Beginn der Wegführung, es sind die Jahre um 597 – würde man davon 490 Jahre abziehen, blieben 107Jahre übrig. Das könnte man als das Ende der griechischen Herrschaft annehmen und lässt den Beginn der römischen Dynastie ahnen.

In einem Elaborat war zu lesen, die Eisen- und Tonteile
der Bildsäule hätten sich auf das von Gorbatschow
regierte Sowjetreich bezogen. Als bei der damaligen
Sowjetunion der wirtschaftliche Niedergang nicht zu
vermeiden war, wird Daniel angeführt, der das alles
längst vorausgesehen hätte.

Solche Gedanken gehören nicht in das Buch Daniel
und sind ihm auch fremd. Was in 1000 Jahren eintreffen
könnte, ist im Voraus nicht bestimmbar und steht noch
nicht einmal in den Sternen. Bekanntlich waren die
Chaldäer die ersten, die Sternkunde betrieben haben
und meinten, in die Zukunft sehen zu können. Was
die heutige Prophetie, Vorhersage und Zukunftsschau
angeht, steht vielfach der Wunsch nach Deutung von
Prophetie, Vorhersage und Zukunftsschau an erster
Stelle. An zweiter Stelle würde erst die Realität kommen. So liest man etwas und denkt sich etwas in das
Buch Daniel hinein, was dort nicht steht.

Zu erwähnen wäre noch die Reihenfolge der nahöstlichen Könige. Im Buch Daniel ist eine zeitliche Ordnung
von Königen angeführt, die es so nicht bestimmbar
ist. Das betrifft besonders den König Darius. Der biblische Text nennt ihn den König der Meder. Aber Darius
oder Dareios[3] war Perser, aber kein Meder, obwohl

---

[3]Besitzer des Guten

nach griechischen Quellen Perser und Meder als ein Volk bezeichnet werden. Ein anderer Darius ist nicht bekannt.

Dieser Dareios war Nachfolger des Kambyses, der wieder der Sohn des Kyrus bzw. Kores war. Dieser Kores gilt als Begründer des Persischen Reichs. Gleiches lässt sich auch zum Vizekönig Belschazzar sagen. In der Bibel wird er als Sohn Nebukadnezars vorgestellt. Das trifft nicht zu. Belschazzar war der Sohn des Königs Nabonid (Nabû-nā-id, d.h. »Nabu ist erhaben«). Dieser letzte König des neubabylonischen Reichs weilte aus unerfindlichen Gründen 10 Jahre in der Einöde. Flüchtete er aus seiner Verantwortung? So wurde Belschazzar Vizekönig. Dass sich Könige aus dem »Staub« machen, ist nicht neu.

Bei vielfacher Kritik an der biblischen Geschichte darf eines nicht vergessen werden: Erst durch die Nennung der Könige und Königreiche in der Bibel haben Forschungen, Nachforschungen und Archäologie erst begonnen. Umgekehrt kann gesagt werden, wenn es die damaligen Könige und Königreiche nicht gegeben hätte, dann wäre längst Ruhe und Frieden eingekehrt. So aber bleiben Prophetien, Wahrsagungen, Deutungen und Missdeutungen.

Anmerkungen:

Die verwendeten biblischen Texte wurden der Einheitsübersetzung (EÜ) entnommen. Diese Schrift

schreibt den Großkönig Nebukadnezar mit zwei zz
(Nebukadnezzar). Die EÜ enthält Zusätze zum Buch
Daniel, die nur in griechischer Sprache vorliegen. Sie
wurden hier weggelassen. Im Folgenden ist der biblische Text eingerückt und zudem in kleinerer Schrift
gesetzt. Kommentare, Exkurse und Auslegungen stehen im normalen Schriftbild. Kleine eckige Klammern
mit einer Zahl z.B. [11] weisen auf das Abbildungsver-
zeichnis hin. Neben der Bibliographie wurden zwei
verschiedene Indexe realisiert.

KAPITEL 1

AM BABYLONISCHEN HOF

Daniel und seine Freunde am babylonischen Hof

Der biblische und historische Bericht beginnt mit der Vorstellung des jüdischen Königs Jojakim, wird dann weiter geführt durch Nebukadnezar, des neubabylonischen Herrschers, der die Stadt Jerusalem belagerte. Hierzu der folgende Bericht:

> [1]Im dritten Jahr der Herrschaft des Königs Jojakim von Juda zog Nebukadnezzar, der König von Babel, gegen Jerusalem und belagerte es. [2]Und der Herr gab König Jojakim von Juda sowie einen Teil der Geräte aus dem Haus Gottes in Nebukadnezars Gewalt. Er verschleppte sie in das Land Schinar, in den Tempel seines Gottes, die Geräte aber brachte er in das Schatzhaus seines Gottes.

1.1. Historische Hintergründe

Das erste Weltreich, das neuassyrische Reich mit der Hauptstadt Ninive, wurde durch das zweite Weltreich, das neubabylonische, abgelöst. Neben weiteren neuassyrischen Königen, ist der letzte König Assyriens, Assurbanipal (669–627 v.Chr.), von Bedeutung. Nach seinem Tod (627) sind es nur noch 18 Jahre, dann gehörte das Land Assyrien der Geschichte an.

Im Jahr 626 v.Chr. schuf der chaldäische General Nabopolassar (Nabu-aplu-usur), der sich selbst »Der Sohn eines Niemand« nennt, das neubabylonische Reich. In Allianz mit dem Mederkönig Kyaxares griffen sie das assyrische Reich an. Als erste große Stadt fiel Assur, dann die Hauptstadt Ninive. Die Neubabylonier und die Meder waren jetzt die uneingeschränkten Herrscher im Zweistromland, das als Kerngebiet die Flüsse Euphrat und Tigris umfasste.

In Sorge um das Gleichgewicht der Kräfte griff ein weiteres Weltreich, Ägypten, in das Geschehen ein. Der Pharao Necho II. unterstütze Assyrien nach Kräften. Er griff mit seinen Soldaten und mit dem Überrest Assyriens die Verbündeten Babylonier und Meder an. Die entscheidende Schlacht fand bei der Stadt Karkemisch statt. Der chaldäische König Nabopolassar zog sich entweder dabei tödliche Verwundungen zu oder er war für ein erfolgreiches Kriegsgeschäft nicht mehr jung genug. Er übertrug das Kommando an seinen Sohn, den Kronprinzen Nebukadnezar II., kurz Nebukadnezar[1] genannt. Er besiegte die Weltmacht Ägypten. Das geschah um 607 v.Chr. Das neubabylonische (chaldäische) Reich zählte gemeinsam mit dem medischen zu den ersten Weltmacht, die im Buch Daniel in den ersten Kapiteln erwähnt ist. Diese Begebenheit ist im Buch Jeremia, 46,2, nachzulesen:

Die Niederlage am Euphrat:

„Über Ägypten: Gegen das Heer des Pharao Necho, des Königs von Ägypten, das bei Karkemisch am Euphrat stand und das Nebukadnezzar, der König von Babel, geschlagen hat. Es war im vierten Jahr Jojakims, des Sohnes Joschijas, des Königs von Juda."

Im Jahr 605 v.Chr. machte der Pharao Necho einen zweiten Versuch (der erste war 609), den völligen Untergang des Assyrerreichs zu verhindern, als Nebukadnezzars wieder heranrückte. Der König von Ägypten wünschte ein erstarktes Assyrerreich, das als Pufferstaat zwischen seinem und dem Chaldäerreich dienen sollte. Der Versuch schlug fehl. Der letzte Rest des Assyrerreichs ging 605 v.Chr. unter. Diese Schlacht trug sich bei der Stadt Karkemisch zu. Sie liegt im westlichen Teil des Euphratbogens.

---

[1]Nabû-kudurri-usur = oh Nabu, behüte den Sohn

Die neuen Herrscher teilten die neue Welt unter sich auf. Die Meder besetzten das assyrische Kerngebiet im Norden bis Harran und Allepo. Den Babyloniern fiel der Großteil Mesopotamiens zu. Sie beanspruchten außerdem Gebiete westlich des Euphrat, also Syrien und Palästina. In diese Welt der Sieger wird der junge jüdische Mann, Daniel, neben vielen weiteren Personen verschleppt. Er, der von zu Hause nur seinen monotheistischen Gott kannte, kommt in Konflikt mit der Übermacht der heidnischen Götzenwelt. Diese innere Anspannung, der Zwiespalt, die bei einigen deportierter Juden zur Anpassung geführt haben mag, wird auch bei Daniel mit seinen drei Freunden zum inneren Widerstreit geführt haben. Sie blieben aber standhaft und beteten nicht die heidnischen Götzen an, wie der biblische Bericht besagt.

Als der Großkönig Nebukadnezar (Reg.-Zeit 605-562 v.Chr.) Jerusalem belagerte, hatte das kleine Juda mit der Hauptstadt Jerusalem[2] keine Chance. Der König beschlagnahmte die Tempelschätze und die Schätze aus dem königlichen Palast, auch wenn es heißt, dass der König Jojakim ihm die heiligen Gegenstände gab. Der Name des Königs Jojakim war nicht sein eigentlicher Name. Der besagte Pharao Necho hatte den ursprünglichen Namen, Eljakim, in Jojakim umbenannt (2Kön

---

[2]Jerusalem wurde erst durch König David israelitisch. Vorher gehörte die Stadt den Jebusitern, »die bis zum heutigen Tag dort wohnen« (Josua 15,8+63).

23,24). Im Übrigen hatte Jojakim bzw. Eljakim (Herrschaft von 609-598 v.Chr.) auf den ägyptischen Herrscher gesetzt, als dieser die Weltmacht Babylonien und Medien angriff. Er ermunterte ihn sogar, gegen den neuen Aramäerstaat zu opponieren. Er, Necho, würde ihm dabei helfen. Der jüdische König erwies sich im königlichen Spiel als einer der größten Verlierer. Das trug sich im Jahre 601 v.Chr. zu. In 2.Könige 24 steht mehr über den jüdischen König zu lesen.

Der babylonische Großkönig nahm nicht nur Schätze aus dem Tempel, sondern auch die aus des Königs Palast mit. Zusätzlich waren noch Räuberscharen, die aus Chaldäern, Aramäern, Moabitern und Ammonitern bestanden, unterwegs, um die letzten Reste der Stadt zu plündern. Das Reich Juda endete mit der Verbrennung der Stadt Jerusalem (2Kön 25 ff). Das geschah im Jahr 586 v.Chr.

Um welche Tempelgeräte es sich dabei handelte, die der chaldäische König mitnahm, ist in 1.Könige 7 ff. nachzulesen. Das Land Schinar, das in Vers 2 erwähnt wird, ist das Land zwischen den Flüssen. Damit sind die Flüsse Euphrat und Tigris gemeint. Nach den Kriegen, Plünderungen und Auslöschen des assyrischen Reichs steht die neue Weltmacht, die Allianz zwischen Babylonien und Medien im neuen Glanz vor der Weltöffentlichkeit.

Die Bezeichnung »Chaldäer« war weniger eine Bezeichnung für ein Volk, eher Bezeichnung für eine Gelehrtenschaft - eben die Chaldäer. Hierzu gehörten: Zeichendeuter, Wolkenbeschauer, Omendeuter, Salbpriester (Reinigung der Statuen mit Öl), Magier, und Leberbeschauer. Sie alle dienten dazu, die Könige damit mit Rat zur Verfügung zu stehen. Das ist nichts anderes als Hokuspokus. Heute nennt man das ›Rat der Weisen‹.

1.2. Am königlichen Hof

Der weitere biblische Bericht:

3Dann befahl der König seinem Oberkämmerer Aschpenas, einige junge Israeliten an den Hof zu bringen, Söhne von königlicher Abkunft oder wenigstens aus vornehmer Familie; sie sollten frei von jedem Fehler sein, schön an Gestalt, in aller Weisheit unterrichtet und reich an Kenntnissen; 4sie sollten einsichtig und verständig sein und geeignet, im Palast des Königs Dienst zu tun; Aschpenas sollte sie auch in Schrift und Sprache der Chaldäer unterrichten. 5Als tägliche Kost wies ihnen der König Speisen und Wein von der königlichen Tafel zu. Sie sollten drei Jahre lang ausgebildet werden und dann in den Dienst des Königs treten. 6Unter diesen jungen Männern waren aus dem Stamm Juda Daniel, Hananja, Mischaël und Asarja. 7Der Oberkämmerer gab ihnen andere Namen: Daniel nannte er Beltschazzar, Hananja Schadrach, Mischaël

Meschach und Asarja Abed-Nego.

Die Änderung der israelitischen Namen ins babylonische geschah aus dem Grund, um die Namen für sie mundgerechter zu machen. Viele Namen haben religiöse Hintergründe, wie zum Beispiel Abel, Samuel, Daniel, Joel, Hesekiel usw. Diese Endsilbe „-el" weist auf den alttestamentlichen Namen Gottes „EL" hin. Im allgemeinen Sprachgebrauch bedeutet El der Starke, d.h. „stark sein wie Gott". Selbst die Stadt Bab-El (Bab-Ilu = Pforte Gottes) enthält die gleiche Bedeutung. Der Gott EL[3] ist gleich dem kanaanitischen Gott Ba-Al (Herr). Erst der spätere jüdische Gott, der sich Mose auf dem Berg Sinai offenbarte, war davon unterschiedlich. Er trug den Namen Jahwe (JHWH)[4].

Kurzum: Die gemeinsamen Namen Gottes, EL, Elohim, lassen die Verflechtung der alten orientalischen Völker erkennen.[5] Dieses Bild des Stieres hat sogar in der Bibel Eingang gefunden. Nach 5.Mose 33,17. wird in Zusammenhang mit Josef von „dem Erstling seines Stieres" gesprochen. Josef gilt dem Schreiber als Gottes Erstgeborener.

Was das Alter der vier Jünglinge zur Zeit ihrer Deportation betrifft, lässt sich keine eindeutige Zeit festmachen. Jüdische Bibeln verwenden für die vier Freunde

---

[3] hebr. אֱלֹהִים
[4] hebr. יהוה
[5] Das Ishtar-Tor enthält neben Schlangendrachen auch Steinstiere.

die Bezeichnung „Knabe". Ein Knabe ist noch kein geschlechtsreifer Mann. Demzufolge kann man das Alter mit rund 10 Jahren annehmen. Liest man aber die in Deutschland bekannten Übersetzungen z.B. Luther nennt man Knaben junge Männer. Nur die *Neue Genfer Übersetzung* verwendet eine andere Aussage. Sie spricht von den „Söhnen Israels"; sie macht damit wohlweislich keine Altersangabe. Für die jungen Männer können wir ein Alter von rund 20 Jahren annehmen. Das trug sich im dritten Jahr des jüdischen Königs Jojakims zu (Daniel 1,1). Man schreibt das Jahr 606 v.Chr. Das Geburtsdatum Daniels schwangt damit zwischen 616 (606 +10)und 626 Jahren. Da nach Vers 21 Daniel bis zum ersten Jahr an dem Hof des Perserkönigs Kyrus (Kores) blieb, der ab 560 v.Chr. herrschte, betrug das Alter Daniels zwischen 56 und 66 Jahren. Das erwähnte Alter ergibt sich durch Interpolation. Das angenommene Alter gewährt einen Einblick in die Geschicke des Buchs Daniel. Daher ist es durchaus möglich, dass Daniel nicht älter als 70 Jahre wurde. Das Buch Daniel ist daher aus historischer Sicht zu betrachten. Wir es aus religiöser Sicht gesehen, sind Deutungen Tür und Tor geöffnet. Man kommt dann vom Hundertsten ins Tausende.

Die Jahreszahl drei, die in 1,1 genannt wird, wird in Kapitel 8,1 und 10,1 wiederholt. Die verwendeten Zahlen erinnern an eine priesterschriftliche Denkweise.

Daniel wurde in eine ihm vollkommen fremde Welt deportiert. Die Schrift, die Sprache, die Kultur stammen aus einer anderen, ihm fremden Welt. Das war auch ein Grund, weshalb ihre Ausbildung drei Jahre dauerte.[6]

Man wird den vier jungen Männern zu Beginn die Örtlichkeiten der Stadt Babel gezeigt haben. Hierunter wäre das Ishtar-Tor, das am Ende der Prozessionsstraße gestanden hat, zu nennen. Im Innenraum des Königspalastes werden in Steine gehauene Tierfiguren, Steinstiere, Schlangendrachen, Löwen oder Adler geprunkt haben. Manche Steinfiguren hatten Ähnlichkeiten mit Menschen. Solche Mischwesen säumten die königlichen Promenaden. Selbst die sagenhaften, hängenden Gärten in Babel dürften sie besichtigt haben.

Der folgende biblische Text führt die Geschichte Daniels fort:

> [8]Daniel war entschlossen, sich nicht mit den Speisen und dem Wein der königlichen Tafel unrein zu machen, und so bat er den Oberkämmerer darum, sich nicht unrein machen zu müssen. [9]Gott ließ ihn beim Oberkämmerer Wohlwollen und Nachsicht finden. [10]Der Oberkämmerer sagte aber zu Daniel: Ich fürchte mich vor meinem Herrn, dem König, der euch die Speisen

---

[6]Vgl. 1.Makabäer 2,59.60: „Hananja, Asarja und Mischaël hatten Vertrauen; darum wurden sie aus den Flammen gerettet. Weil Daniel unschuldig war, wurde er dem Rachen der Löwen entrissen (Daniel 3,60)."

und Getränke zugewiesen hat; er könnte finden, dass ihr schlechter ausseht als die anderen jungen Leute eures Alters; dann wäre durch eure Schuld mein Kopf beim König in Gefahr. [11]Da sagte Daniel zu dem Mann, den der Oberkämmerer als Aufseher für ihn selbst sowie für Hananja, Mischaël und Asarja eingesetzt hatte: [12]Versuch es doch einmal zehn Tage lang mit deinen Knechten! Lass uns nur pflanzliche Nahrung zu essen und Wasser zu trinken geben! [13]Dann vergleiche unser Aussehen mit dem der jungen Leute, die von den Speisen des Königs essen. Je nachdem, was du dann siehst, verfahr weiter mit deinen Knechten! [14]Der Aufseher nahm ihren Vorschlag an und machte mit ihnen eine zehntägige Probe. [15]Am Ende der zehn Tage sahen sie besser und wohlgenährter aus als all die jungen Leute, die von den Speisen des Königs aßen. [16]Da ließ der Aufseher ihre Speisen und auch den Wein, den sie trinken sollten, beiseite und gab ihnen Pflanzenkost.

Daniel sollte das essen, was der König und seine Hohen auch aßen. Das führte bei Daniel und seinen drei Freunden zu einem inneren Konflikt. Denn das, was angeboten wurde, entsprach nicht ihren Speisegesetzen. In 3.Mose 11,1-47 steht über diese jüdischen Gesetze mehr geschrieben. Zudem wurde das, was Daniel essen sollte, auch den Götzen geopfert. Der Gefühlszwiespalt konnte nicht deutlicher sein.

Daniel wollte und musste die Vorschriften beachten, um seinen Herrn, den Oberkämmerer, nicht zu betrüben. Dieser Oberkämmerer äußerte daraufhin Bedenken, dass die gewünschten Speisen schlechtes Aussehen bewirken könnten. Er hatte zudem Angst um seinen Job und um sein Leben. Menschliches Leben zählte damals nicht viel. Daniel machte den Vorschlag, es doch mit den Speisen und Getränken 10 Tage lang zu versuchen. Nach dieser Zeit könnte er ihr Aussehen mit dem Aussehen der anderen Personen vergleichen und beurteilen.

So ging Daniel geschickt vor, zumal sein Gott mit ihm war. Und so erlangten Daniel und seine drei Freunde Wissen und Verständnis von ihrem Gott.

Nach drei Jahren Schulausbildung am königlichen Palast in Babel war es endlich soweit, dass der oberste Hofbeamte sie vor den Großkönig führte. Nebukadnezar ließ sich die jungen Juden vorstellen. Er selbst wird die eine oder andere Frage gestellt haben. Dabei waren auch Träume, Sternkunde, Zauberei (Fluchworte), die die vier Auszubildenden zu lösen hatten. Hierzu der biblische Text:

[17]Und Gott verlieh ihnen Wissen und Verständnis in jeder Art Schrifttum und Weisheit; Daniel verstand sich auch auf Visionen und Träume aller Art. [18]Als ihre Zeit zu Ende war und man sie vor den König bringen musste, wie er es bestimmt hatte, stellte sie der Oberkämmerer dem Nebukadnezzar vor. [19]Der König unterhielt sich mit ihnen und fand Daniel, Hananja, Mischaël und Asarja allen anderen überlegen. Sie traten also in den Dienst des Königs. [20]Sooft der König in Fragen, die Weisheit und Einsicht erfordern, ihren Rat ein-

holte, fand er sie allen Zeichendeutern und Wahrsagern in seinem ganzen Reich zehnmal überlegen. [21]Daniel blieb im königlichen Dienst bis ins erste Jahr des Königs Kyrus.

Gottes Führung ermöglichte ihnen, nicht nur die Speisevorschriften ihrer Religion zu beachten, sondern belohnte ihre Gesetzestreue durch das Verleihen besonderer Weisheit. Die von Gott verliehene Weisheit musste sich von der Weisheit der Chaldäer unterscheiden. Daniels Weisheit und seine Fähigkeit, Träume zu deuten, wird besonders hervorgehoben. Dies war erforderlich, um den biblischen Leser auf künftige Ereignisse vorzubereiten. Außerdem wird diese Art der Weisheit in der neuen Umgebung hoch geschätzt.

Nach den drei Jahren Ausbildung in Sprache, in Schrift und in Gebräuchen der Chaldäer führte der Hofbeamte die jungen jüdischen Männer vor den Großkönig, der sie allen anderen Auszubildenden als überlegen ansah und dies sogar auf alle chaldäischen Hofgelehrten bezog. König Nebukadnezar fand sie sogar zehnfach überlegen. Diese Zahl wird ausdrücklich erwähnt (Dan. 1,20). Dennoch wird die Zahl symbolische Bedeutung gehabt haben.

Sie waren von königlicher Abkunft oder stammten aus vornehmer Familie. Damit hatten diese jungen Leute ein hohes Maß an Auffassungsgabe. Das entsprach der bisherigen häuslichen Erziehung. Sie waren so zusagen vorgeschult.

Der Schlusssatz des letzten Verses vom ersten Kapitel kommt für den Leser überraschend: 21Daniel blieb im königlichen Dienst bis ins erste Jahr des Königs Kyrus.

Kaum hatten sich Daniel und seine drei Freunde am babylonischen Hof eingewöhnt - es ist eine Zeit um 595 v.Chr. anzunehmen - kommt der Perserkönig Kyrus (Kores) ins Spiel. Dieser König herrschte rund 40 Jahre später, nämlich von 559 - 529 v.Chr. Dieses einfache Beispiel zeigt, dass über den Text nicht nur verschiedene Könige, Königreiche und Epochen gekommen sind, sondern die besagten jüdischen Gelehrten haben den Text erst viel später zusammengefasst. Man konnte sich nicht mehr an die einzelnen Details erinnern. Dies ist auch die Zeit der makkabäischen Freiheitskämpfe (um 150 v.Chr.) In dieser Zeit sind die Episoden zusammengefasst worden. Dafür gibt es Hinweise. Diese Annahme zeigt auch, dass es nicht auf zuverlässige historische Daten ankam, sondern dass ihr Gott über alle (heidnischen Weltreiche zu herrschen hat. Und dies ist das eigentliche Anliegen der Heiligenschreiber. Wenn sie schon militärisch nichts ausrichten konnten, möchte ihr Gott dennoch in der Lage sein, für sie zu streiten.

KAPITEL 2

DER TRAUM VON DEN WELTREICHEN

Zum ersten Mal werden im biblischen Buch Visionen und Träume erwähnt, die Nebukadnezar hatte. Eine Besonderheit tritt auch im Vers 1 hervor: Der König hatte des Nachts ein Traum; er musste große Intensität gehabt haben. Jedenfalls kann er sich am nächsten Morgen nicht mehr an den Traum erinnern. Deshalb ruft er seine gelehrten Leute herbei, um sich von ihnen den Traum deuten zu lassen. Als er sie rief und sie ihm sagten, dass sie den Traum nicht deuten konnten; es gab keine Anhaltspunkte. Der König rief seinen ganzen Hofstaat an gelehrten Persönlichkeiten zusammen. Aber auch die ganze Gilde der Traumdeuter, Wahrsager, Sternkundige, Magier und der Exorzisten konnten den Traum nicht deuten. Der folgende biblische Text weist darauf hin:

Zunächst ein biblischen Text:

[1]Im zweiten Jahr der Herrschaft Nebukadnezzars hatte dieser einen Traum. Sein Geist wurde davon so beunruhigt, dass er nicht mehr schlafen konnte.

Das erste Kapitel beginnt mit der klassischen Eröffnung, die dem Buch Daniel eigen ist. Es wird ausgeführt, dass es das zweite Jahr seiner Herrschaft gewesen sei, als er diesen Traum hatte. Der Traum erstreckt sich über das ganze 2.Kapitel.

Im ersten Kapitel (1,5) wurde von der dreijährigen Ausbildung gesprochen, die die jüdischen Jünglinge zu absolvieren hatten. Nebukadnezar selbst nahm die Abschlussprüfung vor. Wenn es aber das zweite Jahr seiner Herrschaft war, waren die vier jüdischen Jünglinge noch nicht fertig mit der Ausbildung, als sich der Traum zutrug.

Der Traum des chaldäischen Königs, der für ihn beunruhigend war, spielte sich des Nachts ab. Deswegen konnte er nicht mehr schlafen.

Im gesamten 2.Kapitel kommt das Wort „Traum" mehrmals vor, genau 17 mal. Andere Übersetzungen wählen für diese Szene den Begriff Traum „Gesicht" oder „Vision". Der Traum hatte eine solche Intensität, dass der König davon unruhig wurde. Er war so stark, dass an Schlaf nicht mehr zu denken war.

Wegen dieser Vision ließ der Großkönig zunächst

seine Chaldäerschaft rufen, um sich von ihnen den Traum deuten zu lassen. Er hoffte auf diesem Wege zur Offenlegung des Traums und so zur Ruhe zu kommen. Der folgende biblische Text verdeutlicht dies:

> [2]Da ließ der König die Zeichendeuter und Wahrsager, die Beschwörer und Chaldäer zusammenrufen; sie sollten ihm Aufschluss geben über seinen Traum. Sie kamen und traten vor den König. [3]Der König sagte zu ihnen: Ich habe einen Traum gehabt; mein Geist ist voll Unruhe und ich möchte den Traum verstehen. [4]Die Chaldäer sagten zu ihm [aramäisch]: O König, mögest du ewig leben. Erzähl deinen Knechten den Traum, dann geben wir dir die Deutung.

Nach dem der König seine Weisen gerufen und ihnen seine Lage geschildert hatte, forderte er sie auf, ihm den Traum zu deuten. Es zeigte sich aber, dass seine Hofgelehrten dazu nicht imstande waren. Das blieb letztlich der Weisheit Daniels vorbehalten.

Eine Deutung konnte der Hofgelehrtenschaft auch deshalb nicht gelingen, weil der Inhalt des Traums ihnen nicht bekannt war. Deswegen konnten sie ihn auch nicht deuten. Das lag außerhalb ihrer Fähigkeiten. Daraufhin wurde der König ärgerlich, denn er war mit den Leistungen seiner Gelehrten unzufrieden. Er drohte ihnen sogar königliche Strafe an. Das bedeutete das Todesurteil für die Chaldäer.

Das untergegangene assyrische Weltreich war wegen seiner Unmenschlichkeit bekannt. Der neubabylonische Großkönig Nebukadnezar wird nicht viel besser gewesen sein. Denn er war König, Befehlshaber des Heeres und Gott in einer Person. Höhere oder ihm gleichgestellte Personen gab es nicht. Er verstand sich als der Mittelpunkt der Welt. Aus der chaldäischen Zeit ist das Wort bekannt: „Der Mensch ist der Schatten Gottes, aber der König ist Gottes Ebenbild." Und dieser Gott-König hatte einen Traum, der so intensiv war, dass er keinen Schlaf mehr fand. Konnte jemand Abhilfe schaffen?

Die Herrschaft des Königs war ohne Konkurrenz, möglicherweise hatte er vorher alle seine Gegner beseitigt. Seine Herrschaft war so mächtig, dass er töten ließ, wen er wollte und ließ leben, wen er wollte. Zwischen Tod und Leben stand nur sein Herrscherstab[1]

Damit stand den Weisen Chaldäas, den Omendeutern, den Innereienbeschauern, den Sterndeutern die Todesstrafe bevor. Der biblische Text deutet die Gefahr an, in welcher auch die vier jüdischen Männer schwebten. War Rettung in letzter Sekunde möglich? Der biblische Text gibt darauf Auskunft:

[13]Als der Befehl erging, die Weisen zu töten, waren auch Daniel und seine Freunde in Gefahr, getötet zu werden. [14]Aber Daniel, klug und rechtskundig, wandte sich an Arjoch, den Obersten der königlichen Leibwache, der schon unterwegs war, um die Weisen Babels töten zu lassen. [15]Daniel fragte

---

[1]Ri 5,14: „Aus Ephraim zogen sie herab ins Tal und nach ihm Benjamin mit seinem Volk. Von Machir zogen Gebieter herab und von Sebulon, die den Führerstab halten."

den Bevollmächtigten des Königs, warum der König einen so harten Befehl gegeben habe. Da erklärte ihm Arjoch die Sache. [16]Daniel ging darauf zum König und bat ihn, er möge ihm eine Frist bewilligen, damit er ihm die Deutung des Traumes geben könne. [17]Dann eilte Daniel nach Hause, teilte seinen Gefährten Hananja, Mischaël und Asarja alles mit [18]und sagte, sie sollten wegen dieses Geheimnisses den Gott des Himmels um Erbarmen bitten, damit nicht Daniel und seine Gefährten samt den anderen Weisen Babels umkämen. [19]Darauf wurde ihm das Geheimnis in einer nächtlichen Vision enthüllt und Daniel pries den Gott des Himmels dafür.

Nebukadnezar machte mit seiner Ankündigung, seine Weisen zu töten, ernst. Er gab dem obersten Henker seines Reiches, Arjoch, den Befehl, seine Traumdeuter, Astrologen und andere Chaldäer zu sammeln und sie zu töten.

Der königliche Beschluss musste in der Hauptstadt Babel Tumult ausgelöst haben. Menschen werden aufgeregt umher gelaufen sein und sich nach dem Grund der Hektik erkundigt haben. So mancher Omendeuter, Weissager und Chaldäer wird seine Berufskleidung ausgezogen und ein einfaches Sackkleid angezogen haben, um der Todesstrafe zu entgehen. Man hing sich ein anderes Kleid um, um so eine andere Person oder Amt vorzutäuschen.

Wegen dieses Aufruhrs wird sich auch Daniel nach der Ursache erkundigt haben.

Dann geschieht etwas, was ganz und gar unmöglich ist: Der Auszubildende, Daniel, ging selbst auf direktem Weg zum Großkönig Nebukadnezar[2]. Eine solche praktische Umsetzung hätte die Todesstrafe zur Folge gehabt.

Den zeitlichen Aufschub, der ihm im biblischen Text gewährt wurde, ließ er nicht untätig verstreichen. Er nutzte die Frist, um mit seinen Freunden zu ihrem Gott zu beten. Dadurch hofften sie, dass ihr Gott ihnen die Lösung des Traums mitteilt. Das geschah wiederum des Nachts und zwar in einer Vision, die Daniel erhielt.

Das jüdische Gebet beginnt mit Lob. Die Erhabenheit, die Einzigartigkeit ihres Gottes wird hervorgehoben. Das Gebet schließt mit dem eigentlichen Anliegen ab. Die Mitteilung, wie Gott ihnen den Traum überbracht hat, fehlt im Gebet. Es wird das Ergebnis des Traumes einfach mitgeteilt. Außerdem lobt sich Daniel bzw. der Schreiber im Gebet selbst. Das ist ein Novum in der biblischen Geschichte. Das Wort „Gebet" leitet sich etymologisch von Bitten ab. Aber die Bitte fehlt im Gebet. Das belegen die folgenden biblischen Texte:

> [19] Darauf wurde ihm das Geheimnis in einer nächtlichen Vision enthüllt und Daniel pries den Gott des Himmels dafür. [20]Er betete: Der Name Gottes sei gepriesen von Ewigkeit zu Ewigkeit. Denn er hat die Weisheit und die Macht. [21]Er bestimmt den Wechsel der Zeiten und Fristen; er setzt Könige ab und setzt Könige ein. Er gibt den Weisen die Weisheit und

---

[2] [16]Daniel ging darauf zum König und bat ihn, er möge ihm eine Frist bewilligen, damit er ihm die Deutung des Traumes geben könne.

den Einsichtigen die Erkenntnis. [22]Er enthüllt tief verborgene Dinge; er weiß, was im Dunkeln ist, und bei ihm wohnt das Licht. [23]Dich, Gott meiner Väter, preise und rühme ich; denn du hast mir Weisheit und Macht verliehen und jetzt hast du mich wissen lassen, was wir von dir erfleht haben: Du hast uns die Sache des Königs wissen lassen.

Nachdem Daniel und seine drei Freunde zu ihrem Gott gebetet hatten und er ihnen den Traum mitgeteilt hatte, lobten sie zum Abschluss ihren Gott und bedanken sie für ihr Wissen. Auch hier erfuhren sie die Deutung Traum Nebukadnezzars auf ihrem Nachtlager (Vers 19). Dabei gibt es folgende Affinitäten: Nachtlager = Traum = Ritus. Im Übrigen träumt man Nachts.

Wie aber sieht die Lösung des Traums aus, den Daniel in einer nächtlichen Erscheinung erhalten hatte und auf welchem Weg konnte er sein Wissen dem Großkönig übergringen?

Die Antwort gibt der folgende biblische Text:

[24]Darauf ging Daniel zu Arjoch, dem der König aufgetragen hatte, die Weisen Babels umzubringen; er trat ein und sagte zu ihm: Bring die Weisen Babels nicht um! Führe mich vor den König! Ich werde dem König die Deutung seines Traumes geben. [25]In aller Eile brachte Arjoch Daniel vor den König und meldete ihm: Ich habe unter den verschleppten Juden einen Mann gefunden, der dem König die Deutung des Traums geben will. [26]Darauf sagte der König zu Daniel, den man auch Beltschazzar nannte: Bist du wirklich imstande, mir das Traumgesicht, das ich hatte, und seine Deutung zu sagen? [27]Daniel antwortete dem König: Weise und Wahrsager,

Zeichendeuter und Astrologen vermögen dem König das Geheimnis, nach dem er fragt, nicht zu enthüllen. [28]Aber es gibt im Himmel einen Gott, der Geheimnisse offenbart; er ließ den König Nebukadnezar wissen, was am Ende der Tage geschehen wird. Der Traum, den dein Geist auf deinem Lager hatte, war so:

Diesmal hält Daniel die Hofetikette ein; er bittet Arjoch, ihn vor den König zu führen!

Im biblischen Buch Esther, 4,11, ist zu lesen, was mit einem Menschen geschieht, der ungefragt das Innere des Königspalastes betritt. Wenn der König, bei Esther ist es der persische Großkönig Xerxes I., das goldene Zepter nicht entgegenstreckt hätte, wäre es um sie geschehen gewesen. Man tötete solche Leute kurzerhand.

Daniel teilt Arjoch mit, er befinde sich im Besitz der Deutung des Traumes. Dann fordert er ihn auf, ihn vor den König zu führen. Er stellt Daniel, der dann mit seinem babylonischen Namen Beltschazzar vorgestellt wird, als einen der verschleppten Juden vor. Der König konnte Daniel noch nicht kennen, denn nach zwei Jahren Ausbildung hatte er seine Abschlussprüfung noch nicht abgelegt. Wenn Daniel trotzdem die dreijährige Ausbildung beendet gehabt hätte, musste er auch nicht weiter bekannt sein, denn von den verschleppten Juden wird es eine größere Anzahl gegeben haben. Sogar die großen Propheten, Jeremia und Esra, waren in Babel (Jeremia nur zeitweise). In Psalm 137 werden die Juden von ihren Zwingherren aufgefordert, Lieder über Zion zu singen. Die Lieder wollten die hohen Herren immer wieder hören.

Der König fragte, ob Beltschazzar in der Lage sei, den Traum zu deuten. Nachdem er das bejaht hatte, nennt er sogleich den Grund, wie ihm die Deutung mitgeteilt wurde: Es sei sein Gott gewesen, der ihm das Geheimnis des Nachts und im Traum offenbart habe. Daniel bekannte sich mutig zu seinem Gott. Er wendet sich jetzt den Einzelheiten des Traums zu:

> [29]Auf deinem Lager kamen dir, König, Gedanken darüber, was dereinst geschehen werde; da ließ er, der die Geheimnisse enthüllt, dich wissen, was geschehen wird. [30]Dieses Geheimnis wurde mir enthüllt, nicht durch eine Weisheit, die ich vor allen anderen Lebenden voraus hätte, sondern nur, damit du, König, die Deutung erfährst und die Gedanken deines Herzens verstehst.

In dem Vers 29 beschreibt der Inhalt des Traumes ein zukünftiges Geschehen. Die Enthüllung des Traumes sei nicht durch die Weisheit Daniels entsprungen, sondern sein Gott sei es gewesen, der ihm, Daniel, die Deutung des Traumes mitgeteilt habe. Und doch steht dieser Vers 29 im Widerstreit zu Vers 23. In Vers 23 wird die Weisheit und macht Daniels gelobt, die in Vers 30 in Bezug zu Nebukadnezar gesetzt wird. Die besagte Stelle des Gebetes wird noch einmal angeführt:

[23] Dich, Gott meiner Väter, preise und rühme ich; denn du hast mir Weisheit und Macht verliehen und jetzt hast du mich wissen lassen, was wir von dir erfleht haben: Du hast uns die Sache des Königs wissen lassen.

Mit den Versen 31 bis 37 wird der Inhalt des Traums beschrieben:

[31] Du, König, hattest eine Vision: Du sahst ein gewaltiges Standbild. Es war groß und von außergewöhnlichem Glanz; es stand vor dir und war furchtbar anzusehen. [32] An diesem Standbild war das Haupt aus reinem Gold; Brust und Arme waren aus Silber, der Körper und die Hüften aus Bronze. [33] Die Beine waren aus Eisen, die Füße aber zum Teil aus Eisen, zum Teil aus Ton. [34] Du sahst, wie ohne Zutun von Menschenhand sich ein Stein von einem Berg löste, gegen die eisernen und tönernen Füße des Standbildes schlug und sie zermalmte. [35] Da wurden Eisen und Ton, Bronze, Silber und Gold mit einem Mal zu Staub. Sie wurden wie Spreu auf dem Dreschplatz im Sommer. Der Wind trug sie fort und keine Spur war mehr von ihnen zu finden. Der Stein aber, der das Standbild getroffen hatte, wurde zu einem großen Berg und erfüllte die ganze Erde. [36] Das war der Traum. Nun wollen wir dem König sagen, was er bedeutet. [37] Du, König, bist der König der Könige; dir hat der Gott des Himmels Herrschaft und Macht, Stärke und Ruhm verliehen.

Der neubabylonische Großkönig Nebukadnezar war als Baumeister bekannt. Die Straßen Babels säumten Steingötter, Löwen oder sonstige wilde Tiere, die auch das Antlitz eines Menschen hatten. Die Dominanz solcher imposanten Bauwerke sollte die Einzigartigkeit seiner Person, seiner Herrschaft und seiner Führungsqualität aller Welt zeigen. Er wird auch auf seinen Gott Marduk hingewiesen haben, der ihm so viel Gunst erwiesen habe. Deshalb träumte der König von diesem einzigartigen Standbild.

Ab Vers 32 werden die verschiedenen Materialien des Standbildes erwähnt: Das Standbild wird von Oben nach Unten beschrieben. Zunächst besteht das Haupt aus Gold, dann nehmen die Metalle an Kostbarkeit und Wertigkeit stetig ab. Zuletzt bestehen die Füße nur noch aus einem Gemisch von Stein und Ton.

Dann ab Vers 34 wird gesagt, wie - ohne Zutun eines Menschen - Gott allein hat den Stein von einem gedachten Berg losgelöst. Er rolle herunter und schlug gegen die aus Ton bestehenden Füße. Der Stein hatte solche Wucht, dass das bestehende Standbild von unten her in sich selbst zusammenfiel. Von Zermalmen ist die Rede. Dieser Vorgang des Zusammenbruchs der Bildsäule erreicht das goldene Haupt, das synonym für das neubabylonische Reich steht. Alle Reiche fielen wie ein Kartenhaus in sich zusammen und wurden zu Staub. Es blieb nichts mehr übrig. Es wurde auch nichts mehr gefunden. Die Vergänglichkeit aller irdischen Reiche steht vor den Blicken. Das bezieht sich bekanntlich auch auf das Reich Nebukadnezzars. Da der König diesen Traum hatte und Daniel ihn deutete und seine Deutung zutraf, wurde er mit Lohn und Ehre belohnt. Natürlich ist das ein Paradoxon: Eine Belohnung für eine Hiobsbotschaft zu bekommen.

Das ist in wenigen Zügen Inhalt des Traums. Der biblische Text erläutert nun die Umsetzung des Traums auf die Wirklichkeit. Traum soll in diesem Fall nicht bloß Traum bleiben, sondern soll Bezug zur Realität bekommen. Denn das vorherrschende Thema des Buchs Daniel ist es, Traum und Wirklichkeit miteinander zu verweben, um die Einzigartigkeit ihres Gottes entsprechend dar zu stellen. Der folgende biblische Text verdeutlicht dies:

[38]Und in der ganzen bewohnten Welt hat er die Menschen, die Tiere auf dem Feld und die Vögel am Himmel in deine Hand gegeben; dich hat er zum Herrscher über sie alle gemacht: Du bist das goldene Haupt. [39]Nach dir kommt ein anderes Reich, geringer als deines; dann ein drittes Reich, von Bronze, das die ganze Erde beherrschen wird. [40]Ein viertes endlich wird hart wie Eisen sein; Eisen zerschlägt und zermalmt ja alles; und wie Eisen alles zerschmettert, wird dieses Reich alle anderen zerschlagen und zerschmettern. [41]Die Füße und Zehen waren, wie du gesehen hast, teils aus Töpferton, teils aus Eisen; das bedeutet: Das Reich wird geteilt sein; es wird aber etwas von der Härte des Eisens haben, darum hast du das Eisen mit Ton vermischt gesehen. [42]Dass aber die Zehen teils aus Eisen, teils aus Ton waren, bedeutet: Zum Teil wird das Reich hart sein, zum Teil brüchig. [43]Wenn du das Eisen mit Ton vermischt gesehen hast, so heißt das: Sie werden sich zwar durch Heiraten miteinander verbinden; doch das eine wird nicht am anderen haften, wie sich Eisen nicht mit Ton verbindet. [44]Zur Zeit jener Könige wird aber der Gott des Himmels ein Reich errichten, das in Ewigkeit nicht untergeht; dieses Reich wird er keinem anderen Volk überlassen. Es

wird alle jene Reiche zermalmen und endgültig vernichten; es selbst aber wird in alle Ewigkeit bestehen. [45]Du hast ja gesehen, dass ohne Zutun von Menschenhand ein Stein vom Berg losbrach und Eisen, Bronze und Ton, Silber und Gold zermalmte. Der große Gott hat den König wissen lassen, was dereinst geschehen wird. Der Traum ist sicher und die Deutung zuverlässig.

In den obigen Versen wird das Anliegen des Traums in Vers 38 mitgeteilt. Nebukadnezar und sein neubabylonisches Reich ist das goldene Haupt. Die nachfolgenden Reiche, das silberne, bronzene usw. werden nicht mit Namen benannt- sind also unbekannt. Es gibt Ausleger, die das silberne Reich mit Persien gleichsetzen. Demzufolge wäre das bronzene Reich Sinnbild für Griechenland. Dieses Reich würde die ganze Erde beherrschen. Das eiserne Reich steht demzufolge für das Römische Reich. Solche Auslegungen haben hat schwerwiegende Mängel:

1. Das Buch Daniel nennt nur das babylonische Reich mit Namen. Andere Reiche werden nicht genannt. Andere Ausleger dürften schlechte Argumente haben. Man kann keine anderen Reiche in den Traum hineinlesen, die gar nicht genannt werden. Trotzdem zeigt dieses Beispiel, wie fahrlässig mit biblischen Texten umgegangen wird.

2. Eine weitere Möglichkeit wäre die, die antiken Reiche rückwärts zu datieren.

3. Die Buchverfasser haben zur Zeit der Makkabäer

(165–65 v.Chr.) und wahrscheinlich zu Beginn der römischen Herrschaft (63 v.Chr.) gelebt. Sie sahen verschiedene Weltreiche kommen und gehen. Bei alledem blieb nur das Reich Gottes übrig. Das ist auch hier die Hauptsache am Zwischenspiel.

Heirat zwischen zwei Herrscherhäusern, dynastische Heirat, wie es der Vers 43 ausdrückt, war zu allen Zeiten probates Mittel, um zum Frieden zu gelangen. Von späteren makedonischen Herrschern ist bekannt, dass sie mehrere Frauen hatten, unter anderem die baktrische Prinzessin Apama. Solche Bräuche waren üblich[3].

Von einer Zerstörung der Weltreiche ist auch im Traum die Rede. Der Stein, der zur Vernichtung der beschriebenen Weltreiche führte, hat das ewige Friedensreich Gottes zur Folge (Vers 44 ff). Ein Steinreich kann aber nicht Repräsentant des ewigen Friedensreichs Gottes sein. Gottes ewiges Friedensreich wird nicht mit Steinen gebaut. Es folgt der Rest des 2. Kapitels:

[46]Da warf sich König Nebukadnezzar auf sein Gesicht nieder, huldigte Daniel und befahl, man sollte ihm Opfer und Weihrauch spenden. [47]Und der König sagte zu Daniel: Es ist wahr: Euer Gott ist der Gott der Götter und der Herr der Könige

---

[3]In 1. Makkabäer 10, 44-66 wird eine Heirat zwischen Alexander dem Großen und der Tochter des Königs von Ägypten, Kleopatra, beschrieben. „Lasst uns miteinander Freundschaft schließen. Gib mir deine Tochter zur Frau, damit wir uns durch diese Heirat miteinander verschwägern", heißt es wörtlich.

und er kann Geheimnisse offenbaren; nur deshalb konntest du dieses Geheimnis enthüllen. [48]Dann verlieh der König Daniel einen hohen Rang und gab ihm viele reiche Geschenke. Er machte ihn zum Gebieter über die ganze Provinz Babel und zum obersten Präfekten aller Weisen von Babel.[49]Auf Daniels Bitte betraute der König Schadrach, Meschach und Abed-Nego mit der Verwaltung der Provinz Babel. Daniel selbst aber blieb am königlichen Hof.

Obige Verse beschreiben, wie der Großkönig Nebukadnezar vor dem Gott der Juden niederfiel und Daniel huldigte. Das Lob des Königs wollte kein Ende nehmen. Dass weltliche Herrscher vor dem Gott der Judäer niederfielen, ist eine Hauptsache am Geschehen, wie auch die des gesamten Buchs.

Obwohl die Traumdeutung kein Wohlergehen für den König und sein Reich bedeutet und den Niedergang in Form eines Traums angekündigt wird, bekommen Daniel und seine drei Freunde trotzdem hohe Aufgaben und erhalten reiche Geschenke.

KAPITEL 3

IM FEUEROFEN

In diesem Kapitel lässt der König Nebukadnezar das Standbild bauen, das im vorigen Kapitel lediglich als Traumbild existierte. Nun lässt der König ein wirkliches Standbild errichten. Der Höhepunkt seines Reiches ist damit gekommen. Denn wenn Feste, Feierlichkeiten, Ehrenbezeugungen und vor allem Ämter wie Räte, Präfekten und Beamte unter Bekannten und Verwandten aufgeteilt werden, ist das Indikator für wirtschaftlichen Niedergang[1]. Zu viel Staat engt Privatinitiative ein. Das dürfte auch bei Nebukadnezar und seinem Reich nicht anders gewesen sein. Es folgt der einführende biblische Bericht:

Die drei jungen Männer im Feuerofen
[1]König Nebukadnezzar ließ ein goldenes Standbild machen, sechzig Ellen hoch und sechs Ellen breit, und ließ es in der Ebene von Dura in der Provinz Babel aufstellen. [2]Dann berief König Nebukadnezzar die Satrapen, Präfekten und

---

[1]Siehe Vetternwirtschaft.

> Statthalter ein, die Räte, Schatzmeister, Richter und Polizei-
> obersten und alle anderen hohen Beamten der Provinzen;
> sie sollten zur Einweihung des Standbildes kommen, das
> König Nebukadnezzar errichtet hatte. [3]Da versammelten sich
> die Satrapen, Präfekten und Statthalter, die Räte, Schatz-
> meister, Richter und Polizeiobersten und alle anderen hohen
> Beamten der Provinzen zur Einweihung des Standbildes, das
> König Nebukadnezzar errichtet hatte. Sie stellten sich vor
> dem Standbild auf, das König Nebukadnezzar errichtet hat-
> te. [4]Nun verkündete der Herold mit mächtiger Stimme: Ihr
> Männer aus allen Völkern, Nationen und Sprachen, hört den
> Befehl!

Das Standbild bestand ganz aus Gold. Die Herkunft
der Edelmetalle dürfte von den Kriegsverlierern gekommen sein. Dazu gab es Tribut, was - wie üblich - von
den Kriegsverlierern gekommen sein. Hierzu dürften
Assyrien, Ägypten und auch das Israel gezählt haben.
Ganze Wagenladungen an Gold und anderen Schätzen
dürften in Babel angekommen sein. Damit wird Nebukadnezar, Herrscher der vier Weltgegenden, Berufener
des Götterherrn, wie er sich nannte, seine imposanten
und feudalen Bauwerke finanziert haben.

Die Menge des Goldes wird eine Rolle gespielt haben.
Hinzu kommen noch besondere Maße. Es wird von
einem Sexagezimalsystem[2], berichtet. Das Bild maß
sechs Ellen in der Breite und sechzig Ellen in der Höhe.
Die Maße haben heute noch Bedeutung. Sie werden
in Sekunden, in Minuten sowie in der Gradzahl eines

---

[2]lat. sexagesimus - der sechzigste

Kreises (60 * 6; 60:6) und in geometrischen Winkelmaßen wiedergegeben. Die entsprechende Bedeutung und der dazugehörende Hintergrund sind heute nicht mehr bekannt.

Wo die Ebene Dura lag, ist nicht mehr nachzuweisen. Wenn das Gewicht nicht auf „Dura", sondern auf Ebene gelegt wird, eröffnen sich neue und bessere Möglichkeiten, den eigentlichen Ablauf des Götterfestes besser zu verstehen.

Ein offenes und ebenes Gelände wurde für die Prozession ausgewählt. Sie wird trotz allem in der Nähe der Hauptstadt Babel gelegen haben; denn der Großkönig wollte aller Welt seine Bauten und seinen Reichtum zeigen. Die Ebene könnte nach zwei Seiten offen gewesen sein und wird auf der einen Seite eine große Tribüne gehabt haben. Auf der gegenüberliegenden Seite hätte demnach das große Standbild gestanden. Auf der Tribünenseite wäre dann die Königsloge mitsamt den Musikinstrumenten platziert gewesen. Auch der Herold dürfte hier seinen Platz gehabt haben. Wer einmal einen Herold oder geschulten Sänger gehört hat, wird wissen, wie sich solch eine Stimme anhört. Sie ist in der Lage, über weite Entfernungen hörbar zu sein. Der Herold war nur dazu da, Bekanntmachungen, Ansagen, Ehrenbezeugungen und Huldigungen seines Herrschers laut und deutlich anzukündigen bzw. zu verkünden. Das Volk konnte weder lesen noch schreiben, konnte aber verstehen, was gesprochen oder verkündet wurde. Nur dazu war der Ansager da. Er ließ seine sonore Stentorstimme erschallen, die im weiten Rund deutlich zu hören war. Ein Herold dürfte für diese Zwecke extra ausgebildet worden sein.

Wie gesagt, als Menschen weder lesen noch schreiben konnten, war Bildsprache nötig, um sich verständlich zu machen. Deshalb wurden zum Beispiel beim historischen Maibaum Symbole der Handwerker angebracht.

Die offene, freie Ebene hatte zudem den Vorteil, dass der König schon von Weitem sehen konnte, wer von seinen Untergebenen, den Präsidenten, Ministern, Staatssekretären und hohen Persönlichkeiten seines Reiches kam. Vielleicht ließ er sich die eine oder andere Persönlichkeit vorstellen, die er in seinem Riesenreich nur dem Namen nach kannte. So war alles vorbereitet für ein lautes und frohes Götterfest. In unmittelbarer Nähe wird es auch Buden, Stände, Freilichtdarstellungen mit Gauklern und Zauberern gegeben haben. Der biblische Text, der sich anschließt, bringt dies zum Ausdruck:

> 5Sobald ihr den Klang der Hörner, Pfeifen und Zithern, der Harfen, Lauten und Sackpfeifen und aller anderen Instrumente hört, sollt ihr niederfallen und das goldene Standbild anbeten, das König Nebukadnezzar errichtet hat. 6 Wer aber nicht niederfällt und es anbetet, wird noch zur selben Stunde in den glühenden Feuerofen geworfen. 7Sobald daher alle Völker den Klang der Hörner, Pfeifen und Zithern, der Harfen,

Lauten und Sackpfeifen und der anderen Instrumente hörten, fielen die Männer aus allen Völkern, Nationen und Sprachen sogleich nieder und beteten das goldene Standbild an, das König Nebukadnezzar errichtet hatte.

Der obige biblische Text enthält den Ausruf des Herolds, der zur Einweihung des neugebauten goldenen Standbildes seine gewaltige Stentorstimme erschallen ließ. Das öffentliche Fest wurde durch ein Orchester eingerahmt. Die genannten Musikinstrumente kannten die Juden damals nicht, denn besonders die Sackpfeife wurde erst in späterer Zeit gebaut. Die Bibelstelle in 1.Chronik 25,1 führt die Musikinstrument auf, die die Juden damals hatten[3].

Als Menschen noch nicht lesen konnten, waren Bilder nötig, um das Gemeinte zu verstehen. Das Standbild wird bekannte babylonische Götter enthalten haben und sicherlich auch die Gebiete, die das neubabylonische Reich erobert hatte. Ihr oberste Gott Marduk dürfte ganz oben Platz gehabt haben. Darunter könnte die Göttin Ishtar angeordnet gewesen sein. Der Gott Nergal durfte ebenfalls nicht fehlen. Der Vater des Gottes Marduk, Ea, wird auch gleichfalls entsprechend würdigen Platz gehabt haben. Kurzum: Das gesamte Pantheon des neubabylonischen Reiches und die eroberten Gebiete dürften an der goldenen Anbetungssäule

---

[3]David und die Obersten des Heeres sonderten die Söhne Asafs, Hemans und Jedutuns, die auf Zithern, Harfen und Zimbeln spielten, für ihren Dienst aus.

vorhanden gewesen sein. Nebukadnezar, Herrscher der vier Weltgegenden, war auf dem Höhepunkt seiner Macht.

Das Götterfest hatte den eigentlichen Zweck, dass Menschen vor dem Standbild niederfielen, um es anzubeten. Der Gottkönig sollte angebetet werden. Diese Prozedur lässt bereits Ungemach für die jüdischen Männer ahnen. Konnten sie verhindern, sich vor unbekannten und bekannten heidnischen Götzen niederzufallen und sie anzubeten? Dass das schwer fiel, wenn es nicht gänzlich unmöglich war, ist anzunehmen. Es verstieß gegen ihre erstes Gebote, die Mose ihnen gegeben hatte.[4]

Der nachfolgende biblische Text schildert diese heikle Situation:

> [8]Sogleich traten einige Chaldäer auf und verklagten die Juden. [9]Sie sagten zum König Nebukadnezzar: O König, mögest du ewig leben. [10]Du, König, hast doch selbst den Befehl erlassen: Jeder soll niederfallen und das goldene Standbild anbeten, wenn er den Klang der Hörner, Pfeifen und Zithern, der Harfen, Lauten und Sackpfeifen und aller anderen Instrumente hört. [11]Wer aber nicht niederfällt und es anbetet, wird in den glühenden Feuerofen geworfen. [12]Nun sind da einige Juden, denen du die Verwaltung der Provinz Babel anvertraut hast: Schadrach, Meschach und Abed-Nego.

---

[4] (Luthertext) 2.Mo 20,3-4: Du sollst keine anderen Götter haben neben mir. Du sollst dir kein Bildnis noch irgendein Gleichnis machen, weder von dem, was oben im Himmel, noch von dem, was unten auf Erden, noch von dem, was im Wasser unter der Erde ist...

Diese Männer missachten dich, König. Sie verehren deine
Götter nicht und beten das goldene Standbild, das du errichtet
hast, nicht an.

Damit trat das ein, was befürchtet wurde. Die Chaldäer, die gelehrten Männer, diskreditierten die drei
jüdischen Männer beim König. Sie wurden mit ihrem
babylonischen Namen genannt. Auffallend aber ist,
dass Daniel in diesem Zwischenspiel mit keinem Wort
erwähnt wird – also fehlt. Dazu hat es viele Meinungen,
Deutungen und ebenso viele Mutmaßungen gegeben.
Die einfachste Möglichkeit ist die Vergegenwärtigung
der Arbeit Daniels. Daniel ist im gleichnamigen Buch
der Traumdeuter. In diesem 3.Kapitel hat aber der König keinen Traum. Daher konnte Daniel nichts deuten,
er hat ohne Arbeit zu sein. Im folgenden Kapitel, dem
vierten, hat der König wieder einen Traum.

Das Anliegen der drei jüdischen Freunde war es nicht,
ihren Gott zu verleugnen. Sie konnten nicht vor der
heidnischen Götterwelt niederfallen und sie anbeten.
Das wussten die Chaldäer und rechneten damit, die
nicht hoch angesehenen Juden beseitigen zu können.

jüdischer Name	babylonischer Name
Hananaja	Schadrach
Michaël	Meschach
Asarja	Abend-Nego
Daniel	Beltschazzar

Werden die jüdischen Männer tatsächlich in den

glühenden Feuerofen geworfen oder ist Rettung in letzter Minute möglich? In dem sich jetzt anschließenden biblischen Text erfährt der Leser mehr darüber:

[13]Da befahl Nebukadnezzar voll Zorn und Wut, Schadrach, Meschach und Abed-Nego herbeizuholen. Man führte die Männer also vor den König. [14] Nebukadnezzar sagte zu ihnen: Ist es wahr, Schadrach, Meschach und Abed-Nego: Ihr verehrt meine Götter nicht und betet das goldene Standbild nicht an, das ich errichtet habe? [15]Nun, wenn ihr bereit seid, sobald ihr den Klang der Hörner, Pfeifen und Zithern, der Harfen, Lauten und Sackpfeifen und aller anderen Instrumente hört, sofort niederzufallen und das Standbild anzubeten, das ich habe machen lassen, ist es gut; betet ihr es aber nicht an, dann werdet ihr noch zur selben Stunde in den glühenden Feuerofen geworfen. Welcher Gott kann euch dann aus meiner Gewalt erretten? [16]Schadrach, Meschach und Abed-Nego erwiderten dem König Nebukadnezzar: Wir haben es nicht nötig, dir darauf zu antworten: [17]Wenn überhaupt jemand, so kann nur unser Gott, den wir verehren, uns erretten; auch aus dem glühenden Feuerofen und aus deiner Hand, König, kann er uns retten. [18]Tut er es aber nicht, so sollst du, König, wissen: Auch dann verehren wir deine Götter nicht und beten das goldene Standbild nicht an, das du errichtet hast.

[19]Da wurde Nebukadnezzar wütend; sein Gesicht verzerrte sich vor Zorn über Schadrach, Meschach und Abed-Nego. Er ließ den Ofen siebenmal stärker heizen, als man ihn gewöhnlich heizte. [20]Dann befahl er, einige der stärksten Männer aus seinem Heer sollten Schadrach, Meschach und Abed-Nego fesseln und in den glühenden Feuerofen werfen. [21]Da wurden die Männer, wie sie waren - in ihren Mänteln, Röcken und Mützen und den übrigen Kleidungsstücken - gefesselt und in den glühenden Feuerofen geworfen. [22] Nach dem strengen Befehl des Königs war aber der Ofen übermäßig geheizt

worden und die herausschlagenden Flammen töteten die Männer, die Schadrach, Meschach und Abed-Nego hingebracht hatten. [23]Die drei Männer aber, Schadrach, Meschach und Abed-Nego, fielen gefesselt in den glühenden Feuerofen.

Die drei jungen Männer waren scheinbar nicht mehr zu retten. Das Todesurteil sollte vollstreckt werden. Wer konnte noch helfen? Ihr Los war es, verbrannt zu werden. Sie wurden mit ihrer Berufskleidung in den glühenden Ofen geworfen. Damit sollte Mensch und Beruf gleichsam in Flammen aufgehen. So sollte zum Ausdruck kommen, dass die jungen jüdischen Männer zur Ausübung ihres Berufes unwürdig waren. Es sollte von ihnen kein Rest übrig bleiben.

Der glühende Feuerofen wird nicht extra für das Verbrennen von Menschen gebaut worden sein. Im Normalbetrieb werden in ihm Tonerzeugnisse wie Tonziegel für Baumaßnahmen oder sonstige Tongeschirre für den täglichen Gebrauch gebrannt worden sein. Er wird entsprechende Größe gehabt haben. Es wird nämlich gesagt, dass die drei Männer aufrecht umher gehen konnten. Sie spazierten in diesem glühenden Feuerofen umher. Dass der Ofen siebenmal stärker beheizt wurde als normal, besagt nicht eine siebenmal höhere Gradzahl, sondern besagt vielmehr, dass die Siebenzahl das vollständige Verbrennen zum Ausdruck bringen soll. Ein Mensch, der dort hineingeworfen wurde, musste unbedingt verbrennen.

3.1. Die Rettung der drei Freunde

Die Herrschaft des Großkönigs Nebukadnezar I. dauerte von 605 - 562 v.Chr. Die Errichtung der Bildsäule dürfte der Höhepunkt seiner Herrschaft gewesen sein. Im anschließenden Kapitel wird uns sein Niedergang beschrieben. Die vier jüdischen Männer dürften zu diesem Zeitpunkt stattliche Männer gewesen sein. Man kann ihr Lebensalter zu diesem Zeitpunkt mit etwa 40 Jahre annehmen. Nach der EÜ folgt „Das Gebet des Asarja". Die Verse 24-33 sind diesmal der Lutherbibel entnommen. Der weitere biblische Text gibt dem König ein Rätsel auf. Welches wird das sein?

> [24]Da entsetzte sich der König Nebukadnezar, fuhr auf und sprach zu seinen Räten: Haben wir nicht drei Männer gebunden in das Feuer werfen lassen? Sie antworteten und sprachen zum König: Ja, König. [25]Er antwortete und sprach: Ich sehe aber vier Männer frei im Feuer umhergehen und sie sind unversehrt; und der vierte sieht aus, als wäre er ein Sohn der Götter.

Zu allen Zeiten haben sich Menschen gefragt, ob das Geschehen und die anschließende Rettung aus dem Feuerofen realer Natur sind. Normalerweise konnte den Flammen kein Mensch entkommen. Doch es ging um die „ Herrschaft der Götter".

Nebukadnezar gibt selbst die Antwort auf das Rätsel:

Er spricht von einem „Göttersohn", den er selbst im Ofen gesehen hat. Die babylonische Religion kannte viele Götter - nur keinen einzigen, wahren Gott. Als Lösung könnte folgende Möglichkeiten dienen: Man setze das Wort „Göttersohn" in die Einzahl und erhält - Gottes Sohn. Damit könnte aus NT-Sicht der Bezug zu Jesus hergestellt sein. Zu zweiten und wahrscheinlicher ist, dass ein Engel kühlen Wind in den Ofen blies. Das besagt folgendes Bibelzitat:

Daniel 3,49:

„Aber der Engel des Herrn war zusammen mit Asarja und seinen Gefährten in den Ofen hinab gestiegen. Er trieb die Flammen des Feuers aus dem Ofen hinaus und machte das Innere des Ofens so, als wehte ein taufrischer Wind. Das Feuer berührte sie gar nicht; es tat ihnen nichts zuleide und belästigte sie nicht."

Der weitere biblische Text:

[26]Und Nebukadnezzar trat vor die Tür des glühenden Ofens und sprach: Schadrach, Meschach und Abed-Nego, ihr Knechte Gottes des Höchsten, tretet heraus und kommt her! Da traten Schadrach, Meschach und Abed-Nego heraus aus dem Feuer. [27] Und die Fürsten, Würdenträger, Statthalter und Räte des Königs kamen zusammen und sahen, dass das Feuer den Leibern dieser Männer nichts hatte anhaben können und ihr Haupthaar nicht versengt und ihre Mäntel nicht versehrt waren; ja, man konnte keinen Brand an ihnen riechen.

[28]Da fing Nebukadnezzar an und sprach: Gelobt sei der Gott Schadrachs, Meschachs und Abed-Negos, der seinen Engel gesandt und seine Knechte errettet hat, die ihm vertraut und des Königs Gebot nicht gehalten haben, sondern ihren Leib preisgaben; denn sie wollten keinen andern Gott verehren und anbeten als allein ihren Gott! [29]So sei nun dies mein Gebot: Wer unter allen Völkern und Leuten aus so vielen verschiedenen Sprachen den Gott Schadrachs, Meschachs und Abed-Negos lästert, der soll in Stücke gehauen und sein Haus zu einem Schutthaufen gemacht werden. Denn es gibt keinen andern Gott als den, der so erretten kann. [30]Und der König gab Schadrach, Meschach und Abed-Nego große Macht im Lande Babel.

[31]König Nebukadnezzar allen Völkern, Leuten aus so vielen verschiedenen Sprachen auf der ganzen Erde: Viel Friede zuvor! [32]Es gefällt mir, die Zeichen und Wunder zu verkünden, die Gott der Höchste an mir getan hat. [33]Denn seine Zeichen sind groß, und seine Wunder sind mächtig, und sein Reich ist ein ewiges Reich, und seine Herrschaft währet für und für.

Als Nebukadnezar die drei jüdischen Männer aufforderte, aus dem Feuerofen heraus zu treten, waren sie unversehrt und kein Brandgeruch war an ihnen zu riechen.

Nach diesem Ereignis wollte das Lob des Großkönigs auf den Gott der Juden einmal mehr nicht verstummen. Er setzte die drei jüdischen Männer wieder in ihre vorherigen Positionen ein und hat außerdem auf ihr persönliches Wohlergehen achten lassen. Damit soll zum Ausdruck gebracht werden, dass der Gott der Juden den Göttern der heidnischen Weltreiche bei weitem überlegen ist. Das ist ein Ergebnis der Episode: Sowohl im Traum als auch in Wirklichkeit blieb der Gott der Juden den Göttern der alten Reiche überlegen und ging stets als Sieger hervor. Wie vorhin angedeutet, diese Einsicht soll vermittelt werden. Die Einzelergebnisse können heute nicht mehr eruiert werden. Es ging bei solchen Träumen und Auseinandersetzungen um die Herrschaft der Götter. Der Gott Marduk hat im Wert geringer zu seinen als der Gott der Juden.

KAPITEL 4

DER TRAUM DES KÖNIGS

Während im Kapitel 2 Daniel den Traum des Königs gedeutet hatte, im Kapitel 3 aus bekannten Gründen fehlt, hat Nebukadnezar in diesem 4.Kapitel wieder einen Traum. Damit soll angedeutet werden, das der eigentliche Traumdeuter, Daniel, wieder gebraucht wird. Er soll im jüdischen Sinn, seine vorzügliche Gabe, ein oberer der Traumdeuter zu sein, unter Beweis stellen. Wir sind gespannt, was der Traum des Königs diesmal besagt und welche Zeitalter der Geschichte miteinander verknüpft sind. Die ersten Verse des biblischen Textes führen in das Kapitel ein:

Nebukadnezars Traum vom stolzen Baum

[1]Ich, Nebukadnezzar, lebte ohne Sorge in meinem Haus und war glücklich in meinem Palast. [2]Da hatte ich einen Traum, der mich erschreckte. Was ich auf meinem Lager sah, was meine Augen da erblickten, versetzte mich in Angst. [3]Darum ließ ich alle Weisen Babels zu mir rufen, damit sie mir den Traum deuteten. [4]Da kamen die Zeichendeuter,

Wahrsager, Chaldäer und Astrologen herbei. Ich erzählte
ihnen den Traum; aber sie konnten ihn mir nicht deuten.

Nicht nur die Sprachform - „Ich, Nebukadnezar" - ist
ungewöhnlich, sondern auch die Wertigkeit der ersten
zwei Verse. Die Ich-Form der Rede wurde gewählt, um
den Leser am Schicksal des Königs teilhaben zu lassen.
Es soll eine positive Spannung erzeugt werden, die
durch ein anschließende Hiobsbotschaft zugunsten des
Judentums gedeutet wird.

Inhaltlich wird zunächst das Wohlergehen des Königs
hervorgehoben. Dann hat er einen Traum, der ihn arg
zu ängstigten hat. Was war das für ein Traum, der den
Großkönig Angst einjagte?

Zunächst ließ Nebukadnezar seine gelehrten Leute,
genannt werden die Chaldäer, rufen, um sich von ihnen
den Traum deuten zu lassen. Dass sie nicht deuten
konnten, obwohl es diesmal am Traum nichts zu deuten
gab, ist nicht die Hauptsache am Geschehen. Der oder
die Verfassers des biblischen Buchs, eben die hohen
jüdischen Gelehrten, hatten die Absicht, die Chaldäer
scheitern zu lassen, damit Daniel die Ehre bekam,
die ihm zustand, Träume deuten zu können. Diese
Konstellation brachte Daniel dem König gegenüber
in eine bevorzugte Position. Zudem dürfte auch die
erzählende Form des Textes die Spannung erzeugt
haben, damit die Wirkmächtigkeit des jüdischen Gottes
in den Vordergrund gestellt werden konnte. Dass Daniel

den Traum deutete, diente dazu, ihren Gott als Sieger vorzustellen. Zum anderen bewahrheitet sich auch diesmal die starke Herrschaft Nebukadnezars. Denn der Baum, der mitten auf der Erde stand, ist eben das neubabylonische Reich und er selber als Person, Gott und Herrscher der vier Weltgegenden in einem. - Der weitere biblische Bericht:

[5]Zuletzt erschien Daniel vor mir, der nach dem Namen meines Gottes auch Beltschazzar heißt und in dem der Geist der heiligen Götter ist. Ihm erzählte ich nun den Traum und sagte: [6]Beltschazzar, Oberster der Zeichendeuter, von dir weiß ich, dass der Geist der heiligen Götter in dir ist und dass dir kein Geheimnis verschlossen bleibt. Hör also, was ich im Traum gesehen habe, und deute es mir! [7]Was ich auf meinem Lager vor Augen hatte, war dies: Da stand ein Baum mitten auf der Erde; er war sehr hoch. [8]Der Baum wuchs zusehends und wurde immer mächtiger; seine Höhe reichte bis an den Himmel; er war bis ans Ende der ganzen Erde zu sehen. [9]Er hatte prächtiges Laub und trug so viele Früchte, dass er Nahrung für alle bot. Unter ihm fanden die wilden Tiere des Feldes Schatten; die Vögel nisteten in seinen Zweigen; alle Lebewesen ernährten sich von ihm. [10]Während ich auf meinem Lager noch das Traumbild sah, stieg ein Wächter, ein Heiliger, vom Himmel herab. [11]Er befahl mit mächtiger Stimme: Fällt den Baum und schlagt seine Äste ab! Streift sein Laubwerk ab und zerstreut seine Früchte! Die Tiere sollen aus seinem Schatten fliehen und die Vögel aus seinen Zweigen. [12]Aber lasst ihm den Wurzelstock in der Erde, im Gras des Feldes, mit einer Fessel aus Eisen und Bronze. Der Tau des Himmels soll ihn benetzen und mit den Tieren soll er teilhaben am Gras der Erde. [13]Sein Herz sei nicht mehr ein Menschenherz; ein Tierherz soll ihm gegeben werden und

sieben Zeiten sollen über ihn hingehen. [14]Dieser Befehl beruht auf einem Beschluss der Wächter; ein Spruch der Heiligen fordert es. Die Lebenden sollen erkennen: Über die Herrschaft bei den Menschen gebietet der Höchste; er verleiht sie, wem er will, selbst den Niedrigsten der Menschen kann er dazu erheben. [15]Das ist der Traum, den ich, König Nebukadnezzar, gehabt habe. Nun deute ihn, Beltschazzar! Von allen Weisen meines Reiches konnte ihn mir keiner auslegen; du aber kannst es, denn in dir ist der Geist der heiligen Götter.

Nachdem die Weisen Babels den Traum nicht deuten konnten, blieb nur einer übrig - Daniel. Dass er herbeigerufen wurde, ist der entscheidende Punkt und deutet die Wende des Geschehens bereits an.

Der König spricht Daniel wieder mit seinem babylonischen Namen - Beltschazzar - an. Nach dem chaldäischen Verständnis beinhaltet der Name den babylonischen Götzen „Bel". Die innige Verbindung des Namens Beltschazzar einerseits und Oberster der Zeichendeuter andererseits heben ihn von den übrigen Chaldäern ab, die die Ehrenbezeichnung „Oberster der Zeichendeuter" nicht besitzen. Es heißt ausdrücklich Zeichendeuter und nicht Traumdeuter. Der Traum war bekannt, er musste nur noch gedeutet werden. Damit sollte Bezug zur Wirklichkeit hergestellt werden. Diese Zeichen zu deuten und auszuwerten – das ist die Aufgabe Daniels. Nebukadnezar fällt in seine alte Anrede, „Geist heiliger Götter", zurück. Dies hervorzuheben ist erforderlich, um die vollständige Niederlage des neubabylonischen

Großkönigs, die bald eintrifft, vorzubereiten. Die Muster der Visionen bzw. der Traumgesichte ähneln sich einander.

Der König teilt Daniel seinen Traum in Einzelheiten mit. Ein großer Baum ist es, der den Mittelpunkt der Vision ausmacht. Die Aussage - mitten auf der Erde - will ausdrücken, dass das neubabylonische Reich Mittelpunkt der irdischen Welt ist. Alle anderen Reiche stehen nur am Rand.

Über seinem Reich thront nur noch der Himmel. Diese Positionen – irdisch - himmlisch – ist es, die ausschlaggebend für ein weiteres Verständnis des Traums ist.

Auch in unserer Kultur haben Bäume symbolische Bedeutung:[1]

Der Baum wird als groß und gewaltig geschildert. Er wuchs sogar bis in den Himmel hinein. Das ist zwar unmöglich, als Traum jedoch denkbar. Der Baum wuchs also virtuell bis in den Himmel. Bekanntlich ist Himmel das, was oben ist. Damit wird nicht nur seine Größe, sondern auch die Entweihung des Himmels, die Wohnstätte Gottes, ausgedrückt. Der Baum symbolisierte

---

[1] Denken wir an den Lebensbaum, den Stammbaum, den Maibaum, den Christbaum, den Baum der Erkenntnis im Garten in Eden, die Orakeleiche (Sichem, Hain Mamre, die Bäume des Gilgamesch, mit denen er durch die Urfluten paddelte. Aktuell wären auch noch Baumbestattungen (Ruheforst) zu nennen. Bäume haben symbolische, ja sogar mythische Bedeutung.

das neubabylonische Reich, das irdisch, voller Frevel und Sünde ist. Erde hier - und Himmel dort. Diese Situation ruft den Rat der himmlischen Heerscharen auf den Plan: Gott wohnt im Himmel. Er kann zwar auf die Erde niederfahren, aber der Mensch nicht zu Gott hochfahren. Damit sind die Verhältnisse klar geordnet. Eines der Zentralheiligtümer der alten Babylonier war mit sumerischen Namen bezeichnende Etemenanki („Haus der Gründung Himmels und der Erde").

So scheint es, dass der Traum des Königs gegen Gott und Himmel gerichtet ist. Dann ohne Zutun erscheint eine weitere Person im Traum – es ist der Wächter des Himmels. Diese Person hatte zudem das Attribut „Heiliger". Er spricht mit einer mit gewaltiger Stimme. Die beeindruckende Stentorstimme aus Kapitel 2 erinnert an den Herold. Aber diesmal soll die Stimme vom Himmel zur Erde reichen. Das scheint mehr ein Donnerhall zu sein. Und diese Stimme verkündet das Ende der Herrschaft Nebukadnezars. Der Baum soll entlaubt werden, so dass die Tiere keinen Schutz mehr finden. Alle Menschen, die sich von diesem Reich ernährten, finden keine Nahrung mehr. Mit diesen Worten wird das Ende des neubabylonischen Reiches ausgesagt. Denn wo kein Schutz, keine Nahrung mehr ist, zieht man sich zurück und sucht nach anderen Möglichkeiten.

Der König soll aber nicht ganz vernichtet werden; denn ein Wurzelstock bleibt ihm. Das ist der Grundstock seines Reiches, der auch seinen Herrscherstab umfasst (Vers 12).

Die Erzählung kommt rasch zum Höhepunkt: Sein Geist soll verwirrt werden, sein Menschenherz soll zu einem Tierherz werden. Ein Mischwesen, ein Mensch-Tier-Bastard, soll er werden. Er soll wie die Tiere Gras fressen. So wird die die Bestimmung des Königs ausgesagt(Vers 12).

Dieser Beschluss kommt vom Wächter des Himmels. Das eigentliche Anliegen der Vision wird deutlich: Der König soll erkennen, dass es einen Gott im Himmel gibt, der über allen Göttern des neubabylonischen Reiches steht - also auch über ihm. Man ahnt, wie die Episode endet: Der König soll sich erniedrigen, vor dem Gott der Juden niederfallen und dabei diesen Gott anbeten, loben und preisen. Der jüdische Gott Jahwe soll angebetet werden. So ist Parabel vom Tierwahnsinn gezimmert worden, um Jahwe über alle Götter zu heben.

Der Tierwahnsinn Nebukadnezars soll sieben Zeiten dauern. Die Siebenzahl wird nicht unbedingt identisch sein mit sieben Jahren. Übrigens drückt die Siebenzahl in der Bibel die Vollkommenheit Gottes aus. In diesem Fall die vollständige Bestrafung durch Gott. Der Beschluss des Wächters der Himmel ist nicht diskutierbar und revidierbar.

Mit Vers 15 endet die erste Episode des 4.Kapitels,

die wieder einiges zu bieten hatte. Die Verse 16 bis 30 berichten, dass der Traum wahr wird.

[31]Als die Zeit verstrichen war, erhob ich, Nebukadnezzar, meine Augen zum Himmel und mein Verstand kehrte zurück. Da pries ich den Höchsten; ich lobte und verherrlichte den, der ewig lebt. Ja, seine Herrschaft ist eine ewige Herrschaft; sein Reich überdauert alle Generationen. [32]Alle Bewohner der Erde gelten vor ihm wie nichts. Er macht mit dem Heer des Himmels und mit den Bewohnern der Erde, was er will. Es gibt niemand, der seiner Hand wehren und zu ihm sagen dürfte: Was tust du da? [33]Zu derselben Zeit kehrte mein Verstand zurück und ich erhielt zum Ruhm meines Königtums auch meine Herrlichkeit und meinen königlichen Glanz zurück. Meine Räte und Großen suchten mich auf; man setzte mich wieder in meine Herrschaft ein und meine Macht wurde noch größer. [34]Ich, Nebukadnezzar, lobe, preise und rühme nun den König des Himmels. Denn alle seine Taten sind vortrefflich und seine Wege gerecht. Die Menschen, die in stolzer Höhe dahin schreiten, kann er erniedrigen.

Obige Verse beschreiben die Heilung des Königs. Ein Mensch, der schizophren war und sich wie ein Tier gebärdete, genas nach sieben Zeiten auf wundersame Weise. Das ist kein Rätsel an sich. Nebukadnezar immer noch wahnsinnig, hob eigenständig den Blick zum Himmel, als wäre er nicht mehr wahnsinnig - und wurde im selben Augenblick gesund. Das allein reichte aus. Dass ein kranker Mensch zur Heilung einen Arzt braucht, ist keine Frage, hier reicht aber ein Blickt in den Himmel, um geheilt zu werden.

Genau das ist der Punkt. Die Genesung trat ein, als er in den Himmel blickte. Nebukadnezar, Herrscher der vier Weltgegenden, Oberbefehlshaber der Armee, Vertreter Gottes auf Erden und großer Baumeister, musste sich vor dem Gott der Juden, dem Volk der Exulanten und Erniedrigten beugen. Das ist die Quintessenz.

Dass der König dann wieder in sein Amt eingeführt wurde, sogar seine Hohen ihn wieder besuchten und seine Macht noch größer wurde als vorher, rundet das Geschehen ab. Ein schönes Happyend. Das Lob Nebukadnezars auf den einzig wahren Gott will dabei wieder einmal nicht verstummen. Ein heidnischer Weltherrscher betet den Gott der Judäer und Hebräer an.

Es ist nicht anzunehmen, dass der Bericht während der Herrschaft des Großkönigs geschrieben wurde. Denn wenn es so gewesen wäre, hätten die Autoren um ihr Leben fürchten müssen. Daher fällt die Annahme umso leichter, dass der biblische Bericht erst später verfasst wurde. Zu einer Zeit, als keine Gefahr mehr bestand. Außerdem bliebt man seiner Methode treu, Realitäten in Träume und zurück zu transferieren, wann das Verfahren gebraucht wurde.

Bei den Chaldäern wird folgende Geschichte erzählt[Eis]:

„Ich hier, Nebukadnezar, kündige euch den Eintritt

des Unheils an... Kommen wird Peres, das persische Maultier, der eure Gottheiten zu Verbündeten haben wird: er wird aber die Knechtschaft bringen... Oh möchte doch, bevor die Mitbürger zugrunde gehen, ... das Meer ihn aufnehmen und gänzlich vernichten, oder er, anderswohin sich wendend, durch die Einöde gejagt werden, wo weder Städte noch die Fußspur eines Menschen angetroffen werden, wohl aber wilde Tiere weiden und Vögel umherschweifen, während er allein in Felsenklüften und Schluchten umherirrt."

Das neubabylonische Reich:

Das neubabylonische Reich wurde durch Nabopolassar (Nablû-apal-usur: Regierungszeit 626-606 v.Chr.) gegründet. Zusammen mit dem König der Meder, Kyraxares (Regierungszeit 625–585 v.Chr.), eroberten sie Assyrien mit der Hauptstadt Ninive im Jahre 612 v.Chr. Als Nabopolassar, übrigens bezeichnete er sich selbst als „Sohn eines Niemand"[2], gegen Ägypten in den Krieg zog, wurden ihm tödliche Verwundungen zugefügt; daraufhin wurde sein Sohn, der Kronprinz Nebukadnezar II., neuer König des neubabylonischen Reiches.

Der Sohn des Kyraxares, Astyages regierte von 585–550 v.Chr. Zwischen beiden Herrschern Nebukadnezar und Kyraxares bestanden verwandtschaftliche Bezie-

---

[2]Der oft glaubwürdige Berossos bezeichnet ihn als abtrünnigen assyrischen Heerführer[Jur]

hungen. Der Sohn des Nabopolassar soll mit der En-
kelin des medischen Königs verheiratet gewesen sein.
Heirat zwischen Herrscherhäusern diente der Siche-
rung ihrer Reiche (dynastische Heirat).

Nabopolassar, sein Sohn Nebukadnezar, Nabû-
kudurri-usur eigentlich Nebukarezar, (Regierungszeit
605–562 v.Chr.) und natürlich die Priesterschaft verehr-
ten den Hauptgott Babyloniens, Marduk. Neben diesem
Hauptgott stand eine Vielzahl weiterer Götter zum Anbeten bereit. Der Gott Marduk heißt auf semitisch
Samara-utuk – Jungstier des Sonnengotts. Als seine
Gestirne galten Jupiter und Merkur. Diesen „Himmels-
göttern" stand der unterirdische Gott der Unterwelt
„Nergal" zur Seite. Dieser Gott wurde zuvor von Ak-
kadern als Kriegs-, Toten- und Seuchengott angebetet.
Auf diesen Gott Nergal berief sich auch Nabopolassar,
der ihn als den stärksten der Götter bezeichnete und
der ihm hilfreich zur Seite gestanden hätte. Das war
zu Zeiten, als er Krieg führte gegen die Assyrer. Dieser
Abergott und weitere Götter haben sogar Eingang in
der Bibel gefunden[3]. :

Nebukadnezar starb 562 v.Chr. Nach ihm folgte sein
Sohn, Awil-Marduk[4] (Ewil-Merodach). Er regierte nur
zwei Jahre und wurde bei einem Aufstand getötet.

---

[3]2.Könige 17,29-41:„Die Leute aus Babel machten sich Bilder Sukkot-
Benots. Die Ansiedler aus Uta stellten Bilder Nergals her".
[4]Marduk ist die Bezeichnung für den Hauptgott von Stadt und
Land Babylon.

Unter diesem König kam der jüdische König Jojachin frei[5], der von Ewil-Merodach begnadigt wurde[6].

Danach folgte der babylonische General Neriglissar (Nergal-Sharezer). Auch er hatte offenbar erhebliche Schwierigkeiten mit der Priesterschaft und den Chaldäern. Danach soll ein weiterer König kurz den Thron bestiegen haben, der keine größere historische Bedeutung hat. Inmitten dieser „Götterkriege" ergriff Nabonid (Regierungszeit 555–539 v.Chr.) die Macht in Babylonien. Er war wie alle heidnischen Könige religiös in dem Sinne, dass man an Sternengötter glaubte. Er betete aber nicht Marduk, sondern unverhohlen den Mondgott Sin[7] an. Seine Mutter, Adda-Guppy, ar Priesterin des Mondgottes Sin in Harran (auch Haran)[8]. Selbst ihre Tochter soll noch Priesterin dieser Gottheit in Ur gewesen sein.

Wenn von Nabonid und seinem Sohn Belschazzar gesprochen wird, soll damit gesagt sein, dass Belschazzar nicht Sohn Nebukadnezzars war, wie es im Buch Daniel steht, sondern Sohn des Königs Nabonid. Es soll Hinweise geben, dass Sohn und Nachfolger den glei-

---

[5]Nach 2.Kön 24,6 war Jojachin der Sohn von Jojakim.

[6]Jer 52,13: „Im siebenunddreißigsten Jahr nach der Wegführung Jojachins, des Königs von Juda, am fünfundzwanzigsten Tag des zwölften Monats, begnadigte Ewil-Merodach, der König von Babel, im Jahr seines Regierungsantritts Jojachin, den König von Juda, und entließ ihn aus dem Kerker."

[7]„der Herr des Himmels, dessen glänzende Sichel unter den Göttern scheint."

[8]das biblische Haran, 1.Mose 11,26 ff

chen Wortstamm haben. Sie waren die letzten Könige des neubabylonischen Reichs.

Den Mondgott Sin galt es in seiner Bahn zu betrachten und Berechnungen über ihn anzustellen[9]. Sie konnten der Meinung sein, dass oben am Firmament, wo der Mond seine Bahn zog, der Wohnsitz der Götter sein müsste.

Man neigte dazu, wenn sich etwas am Firmament tat, dies einem Gott zuzuschreiben, der die Sterne wie ein Uhrwerk aufzog; denn Umläufe und Erscheinungsform (Halbmond, Vollmond usw.) der Gestirne wiederholten sich. So war es naheliegend, dass nicht nur den Mond, sondern alle Himmelskörper und ihre Laufbahn von hohem Interesse waren. Das geschah höchst praktisch wie eigenartig: Die räumliche Entfernung zwischen Sternen oder Planeten wurde mit Finger-, Hand- und Ellenbreit ausgemessen. Die zeitliche Entfernung dieser Sterne wurde mit der Wasseruhr gemessen[Edz].

Das neubabylonische Reich hat - nach unserem Verständnis - ein negatives Image. Das liegt an Aussagen der Bibel, die Babel und Babylon negativ verstehen. Nebukadnezar gilt als der größte Baumeister des Alten Orients. Keiner hat mehrere und imposantere Bauwerke errichtet als er. Dabei zählt auch die babylonische

---

[9]Jesaja 47,13: Du hast dir große Mühe gemacht mit deinen vielen Beratern; sollen sie doch auftreten und dich retten, sie, die den Himmel deuten und die Sterne betrachten, die dir an jedem Neumond verkünden, was kommt.

Wissenschaft zu den bedeutendsten der damaligen Zeit. Bezüge lassen sich auch heute noch nachweisen. Hierzu gehören Schulen und Schreiberausbildung. Dabei wurden von den Schülern eigene Texte wie auch fremde, wie z.b. assyrische, übertragen. Die Ausbildung dauerte mehrere Jahre („von der Kindheit bis du ein erwachsener Mann warst", liest man in einem der bekannten sumerischen Texte)[10]. Von der einfachen Übertragung der Keilschrift bis hin zur Ausbildung zum Chaldäer brauchte es eine längere Zeit. Hierzu gehörten z.B. die Traumdeutung und sogar die Magie, sofern sie das neubabylonische Reich und damit auch den König betrafen.

Hesekiel 21,26:

„Denn der König von Babel steht an der Wegscheide, am Anfang der zwei Wege, und lässt das Orakel entscheiden: Er schüttelt die Pfeile, befragt die Götterbilder und hält Leberschau."

Nicht nur Leberschau gab es, es gab auch Vogelschau, Ölschau, Knochenschau.

Der Konflikt nahm folgerichtig seinen Lauf. Die Priesterschaft war nicht gewillt, ihren Gott Marduk kampflos gegenüber dem Mondgott Sin aufzugeben.

Nabonid hatte schon lange keinen Rückhalt mehr bei den Hohen des neubabylonischen Reichs, den Chaldä-

---

[10] Michael Jursa, Die Babylonier[Jur].

ern. Das Neujahrsfest hatte er sträflich vernachlässigt, was unter Nebukadnezar als ein Hochfest galt. Der letzte König der Babylonier weilte im innerarabischen Exil. Hierbei wird ein Ort namens Tema (Teyma)- eine Oase inmitten einer Einöde - genannt. Die Oase lag an der Weihrauchstraße. Was der Anlass war, kann nur angenommen werden. Nabonid war und bleibt ein Rätsel.

Die Regierungsgeschäfte übernahm derweil sein Sohn Belschazzar. Beide Personen waren und blieben Fremdkörper in Babel und hatten keine Macht bei den Chaldäern. Es soll diese Berufsgruppe gewesen sein, die ihren eigenen König an die heranrückenden Perser verraten habe. Die Stadttore wurden den Persern bereitwillig geöffnet und der König Kores (Cyrus, Kurasch von Aschan) wurde als Befreier umjubelt. 100 Jahre neubabylonischer Herrschaft waren damit zu Ende.

KAPITEL 5

DAS GASTMAHL

Nachdem die Herrschaft Nebukadnezars zu Ende gegangen ist, tritt sein Nachfolger, Kronprinz Belschazzar, die Königswürde an. Von ihm und einem seiner Taten ist im vorliegenden Kapitel die Rede. Das biblische Buch trägt den Titel:

Das Gastmahl Belschazzars

[1]König Belschazzar gab ein großes Gastmahl für seine Großen; es waren tausend Menschen und zusammen mit den Tausend sprach er dem Wein zu. [2]In seiner Weinlaune nun ließ Belschazzar die goldenen und silbernen Gefäße holen, die sein Vater Nebukadnezar aus dem Tempel in Jerusalem mitgenommen hatte. Jetzt sollten der König und seine Großen, seine Frauen und Nebenfrauen daraus trinken. [3]Man holte also die goldenen Gefäße, die man aus dem Tempel des Gotteshauses in Jerusalem mitgenommen hatte, und der König und seine Großen, seine Frauen und Nebenfrauen tranken daraus. [4]Sie tranken Wein und lobten die Götter aus Gold und Silber, aus Bronze, Eisen, Holz und Stein.

Die klassische Eröffnung hat den König an die falsche
Stelle gesetzt. König Belschazzar, der hier König und
Sohn Nebukadnezars genannt wird, war nicht König,
sondern Kronprinz. Außerdem war er nicht der Sohn
Nebukadnezars, sondern Nabonids. Weil dieser König in
der arabischen Einöde Tema lebte, übernahm sein Sohn
die Regierungsgeschäfte. Der König Nabonid selbst wird
in der Bibel nicht erwähnt.

In Kap. 7,1 und 8,1 wird Belschazzar nochmals erwähnt, hat allerdings keine aktive Rolle mehr. Die Nennung seines Namens dient daher lediglich als Einstieg
zu den beiden Kapiteln. Das Ende der babylonischen
Königsherrschaft ist mit 539 v.Chr. gekommen. Das
Lebensalter Daniels (geb. $\approx$ 620 v.Chr.) dürfte damit
rund achtzig Jahre betragen haben. Von einem hohen
Lebensalter wird aber nichts berichtet.

Dieses Kapitel hat das legendäre Gastmahl zum Inhalt. Das große Fest, bei dem alle Großen, Fürsten, Chaldäern und sonstige Würdenträger teilnahmen, fand
in der Südburg statt. Zu ihren Maßen wird folgendes
berichtet: 52 Meter lang, 17 Meter breit und 20 Meter
hoch. Heute würde man ein Dorfgemeinschaftshaus
darunter verstehen. Daher konnten diese hohen Persönlichkeiten ausreichend Platz finden. Zu allen Zeiten
haben hohe Persönlichkeiten rauschende Feste gefeiert.

Zu fortgeschrittener Zeit und nach einigen Gläsern

Wein, hatte Belschazzar Mut gefasst und ließ die goldenen Becher bringen, die Nebukadnezar aus dem Tempel
in Jerusalem geraubt hatte, um daraus zu trinken. Auch
die hohen Persönlichkeiten seines Reiches und seine
Frauen taten es ihm gleich. Man kann sich durchaus
vorstellen, wie sie - vom Alkohol gerötetem Gesicht -
sich frivol zuprosteten. Das Fest wird längere Zeit gedauert haben. Man wird auch erlesene Fleischspeisen
zu sich genommen haben. Draußen hörte man bereits
das Säbelrasseln der heranrückenden Perser. Das was
hier stattfand, war die so genannte Henkersmahlzeit!

Der ganze Vorfall lässt bereits Ungemach ahnen.
Beim Feiern mit gegenseitigem Zuprosten, hatten sie
eines ganz vergessen, das Lob auf den einzigen und
wahren Gott Israels יהוה. Sie lobten stattdessen ihre
heidnischen Götzen. Dass das nicht gut gehen konnte,
erfahren wir in folgenden Bibelversen:

> [5]In derselben Stunde erschienen die Finger einer Menschen-
> hand und schrieben gegenüber dem Leuchter etwas auf die
> weiß–getünchte Wand des königlichen Palastes. Der König
> sah den Rücken der Hand, als sie schrieb. [6]Da erbleichte er
> und seine Gedanken erschreckten ihn. Seine Glieder wurden
> schwach und ihm schlotterten die Knie. [7]Der König schrie laut,
> man solle die Wahrsager, Chaldäer und Astrologen holen.
> Dann sagte er zu den Weisen von Babel: Wer diese Schrift
> lesen und mir deuten kann - was er auch sei: er soll in Purpur
> gekleidet werden, eine goldene Kette um den Hals tragen
> und als der Dritte in meinem Reich herrschen.

Bereits mit diesen Versen kündigt sich Gottes Gegenschlag an. Der Finger einer Menschenhand schrieben
auf einer weißen Wand Zeichen. Zu allen Zeiten haben
sich Menschen gefragt, was der Finger geschrieben
haben könnte. Vieles bleibt im Dunkel der Geschichte
verborgen. Daher sind es Versuche, Deutungen und
Mutmaßungen mit bestimmten Fragen. Eine davon lautet, warum die Weisen Babels, die Chaldäer, die Schrift
nicht lesen konnten. War die Schrift für die Chaldäer in
einer nicht lesbaren Schrift verfasst worden? Bisweilen
wird von einer Summe bisheriger Träume, Visionen
und Gesichte ausgegangen, die Daniel befähigten das
Rätsel zu lösen. Darüber hinaus gelte, dass jüdische
Gelehrte diese Episode geschaffen haben, damit nur
Daniel die geheimnisvolle Schrift lesen und deuten
konnte. Nach dem Ergebnis, das Daniel später als Me-
netekel las, ist anzunehmen, dass es Gewichtsangaben
waren, die in verschiedenen Schriften verfasst wurden.

Wegen des Vorfalls der geheimnisvollen Schrift wurde der König scheinbar nüchtern. Er schrie, leichenblass
geworden, nach seinen Wahrsagern, seinen Astrologen,
seinen Leberbeschauern und seinen Traumdeutern. Die
gesamte Chaldäerschaft wurde gerufen, um die geheimnisvolle Schrift zu lesen. Dabei sollte der Schriftdeuter
eine hohe Belohnung bekommen: Er soll der Dritte im
Königreich werden. Er soll ein kostbares Kleid tragen
und eine goldene Kette um den Hals tragen. Damit wä-

re der Schriftdeuter in das Zentrum königlicher Macht hinaufgestiegen.

Dass der Schriftdeuter der Dritte in Rangfolge des Königs sein sollte, dürfte seine Richtigkeit gehabt haben. Denn der erste war der König Nabonid, der zweite sein Sohn Belschazzar, der dritte wäre dann der Schriftdeuter gewesen. Wer schließlich die geheimnisvolle Schrift lesen konnte, ist bereits jetzt keine Frage. Der biblische Text im Anschluss erklärt den Sachverhalt:

> [8]Da kamen alle Weisen des Königs herbei; aber sie waren nicht imstande, die Schrift zu lesen oder dem König zu sagen, was sie bedeutet. [9]Darüber erschrak König Belschazzar noch mehr und sein Gesicht wurde bleich. Auch seine Großen gerieten in Angst. [10]Da die Rufe des Königs und seiner Großen bis zur Königin drangen, kam sie in den Festsaal und sagte: O König, mögest du ewig leben. Lass dich von deinen Gedanken nicht erschrecken; du brauchst nicht zu erbleichen. [11]In deinem Reich gibt es einen Mann, in dem der Geist der heiligen Götter wohnt. Schon zu deines Vaters Zeiten fand man bei ihm Erleuchtung und Einsicht und Weisheit, wie nur die Götter sie haben; deshalb hat König Nebukadnezar, dein Vater, ihn zum Obersten der Zeichendeuter, Wahrsager, Chaldäer und Astrologen ernannt, dein eigener Vater, o König! [12]Bei diesem Daniel also, dem der König den Namen Beltschazzar gegeben hat, fand man außergewöhnlichen Geist sowie Erkenntnis und Einsicht und die Gabe, Träume auszulegen, Rätsel zu erklären und schwierige Fragen zu lösen. Darum lass jetzt Daniel herrufen; er wird die Deutung geben.

Die Weisen Babels konnten die Schrift weder lesen noch deuten. Das Rufen Belschazzars wurde lauter, geriet zum Schreien und lautem Wehklagen. Das alles drang bis zur Königinmutter vor, die offenbar in ihren privaten Gemächern weilte – also beim Fest nicht anwesend war. Sie hörte das laute Schreien ihres Sohnes und eilte herbei, um den Grund zu erfahren. Sie besänftigte ihren Sohn und wies auf einen Mann hin, der solche geheimnisvollen Sachen lesen und deuten konnte. Daraufhin wurde Daniel geholt und als Mann vorgestellt, in dem der Geist heiliger Götter wohne. Dieselbe Formulierung ist geläufig und wird nochmal in Vers 14 wiederholt. Diese Formulierung wurde gewählt, damit Daniel auf seinen einzigen und wahren Gott hinweisen konnte.[1]

[24]Darum hat er diese Hand geschickt und diese Schrift geschrieben. [25]Das Geschriebene lautet aber: Mene mene tekel u-parsin. [26]Diese Worte bedeuten: Mene: **Gezählt** hat Gott die Tage deiner Herrschaft und macht ihr ein Ende. [27]Tekel: **Gewogen** wurdest du auf der Waage und zu leicht befunden. [28]Peres: **Geteilt** wird dein Reich und den Medern und Persern gegeben. [29]Da befahl Belschazzar, Daniel in Purpur zu kleiden und ihm eine goldene Kette um den Hals zu legen, und er ließ verkünden, dass Daniel als der Dritte im Reich herrschen sollte. [30]Aber noch in derselben Nacht wurde Belschazzar, der König der Chaldäer, getötet

Die geheimnisvolle Schrift[2] im Festsaal des baby-

---

[1]Die Verse 13-23 wurden hier weggelassen; es sind bloß Wiederholungen.

[2]Diese Auslegung der geheimnisvollen Schrift wurde gekürzt dem Buch von Johann Goettsberger[Goe28] „Das Buch Daniel" ent-

lonischen Königs hat zu allen Zeiten Überlegungen hervorgerufen, was die Hand geschrieben haben könnte. Der König konnte nur den Handrücken sehen und so verfolgen, wie unter der Hand der geheimnisvolle Text erschien. Waren es Worte aus dem kabbalistischen Alphabet[3] oder waren es Münzen, Münzzeichen oder Gewichtsangaben, die geschrieben wurden? Es gibt hierzu viele Möglichkeiten, Darstellungen und Auslegungen. Dass es Münzen waren, deren Namen auf der Wand erschienen, spricht viel. Es heißt bekanntlich, „gewogen und für zu leicht befunden". In der damaligen Zeit wurden Waren, der Kauf eines Sklaven, ein Hauskauf oder der Kauf eines Musikanten etc. mit Edelmetallen vorgenommen. Geldstücke mit einem aufgedruckten Wert gab es noch nicht. Also wurden auf einer Waage entsprechende Gold- oder Silberstücke abgewogen, mit denen die Bezahlung vorgenommen wurde[4].

Diese Schrift, die Daniel als »Mene, mene tekel uparsin«. las und dem König deutete, fand seine Zustimmung, obwohl die Deutung keinen Frieden und kein persönliches Wohlergehen für ihn bedeutete. Denn wie bei vielen Erzählungen, Episoden und Zwischenstücken des Buchs Daniel geht es um die Darstellung, dass der Gott der Juden den Göttern der heidnischen Weltreiche

---

nommen.

[3]Geheime mystische jüdische Zeichen- und Buchstabendeutungslehre.

[4]Deshalb werden heute Waagen geeicht.

überlegen ist.

Abbildung 5.1. Die geheimnisvolle Schrift; Gemälde von
Rembrandt[Wik]

Im masoretischen Sprachgebrauch besteht ein großer
Unterschied gegenüber Übersetzungen, die eine ältere
Art der Schrift darstellen. Da die hebräische Schrift
nur Konsonanten kennt, aber keine Vokale, lautete
der von Daniel ausgemachte Text so: »**mnh, mnh, tkl,
prs, prs**«. Mit Vokalen versehen, hätte sich: »meneh,
meneh, tekel, peres, peres« ergeben, wäre aber nur eine
bloße Erweiterung auf *e* gewesen (mnh, rs, tkl). Daniel
liest aber noch andere, weitere Vokale und ergänzt mit
aramäischen Wortsilben: »menah, meneh, tekal, peras,

paras«.

Das Zweifache »menē« (des masoretischen Textes) hat das Wort nur einmal. Deshalb findet sich seine beste Erklärung darin, wenn man einen vollständigen Satz darin sieht:Gezählt wird: (»menē« = Partizip Pass.

von aram. »menāh« »zählen«) eine Mine,

»Mine« (Gewicht, Münze), ein Schekel (»tekel« von aramäisch »tikla« (hebr. »šek«) = »Schekel« (Gewicht und Münze) und Halbminen (»parsin«, Plural »parsu»= »Teil«) [auch Gewichts-, Münze].

Waren nun diese Münz- und Gewichtsnamen, wie anderwärts und zu anderen Zeiten zu geschehen pflegte, in Zeichen statt in Worten geschrieben worden, dann eröffnet sich eine neue und bessere Möglichkeit, sich verständlich zu machen, warum diese Schrift an der Wand für die Chaldäer nicht lesbar war. Sie wussten mit diesen Zeichen, Gewichts- und Münzangaben, nichts anzufangen und kamen auch nicht auf den Gedanken, sie in Worte zu kleiden und letztere zu deuten. Das war der Weisheit Daniels vorbehalten.

Das zweite Wort »menē« hatte nach Konsonanten- und Vokalbestand nicht nur den Wert »eine Mine«, sondern konnte und sollte nach der Absicht dessen, der die geheimnisvolle Schrift sandte, als Partizip passiv gelesen werden: »gezählt«. Dann bedurfte es nur noch der Ergänzung des Subjektes »Gott« und des Subjektes »Reich des Belschazzars« und einer Weiterführung des gewonnenen Gedankens: »Gott hat die Tage (die Zeit) deines Königtums gezählt und festgestellt, dass die im voraus bestimmte Zahl voll erreicht und damit das Königtum zum Ende gekommen ist.« (»hašlem« = übergehen, vollständig machen, vollenden). Diese Verbindung aufzuzeigen, ist aber noch nicht gelungen. Da in den beiden folgenden Deutungen die beiden Sätze mit dem Wort verwandt sind, von dem Daniel ausgeht, so würde man das auch für »menē« und »hašlem« erwarten können.

Das Wort »tekel« könnte auch als »sekel« gelesen werden. Es konnte aber auch, weil herkömmlich ohne Vokale, auch »tkl« geschrieben und »tekil« = »gewogen« gelesen werden. Daniel ergänzte die Satzaussage so: »du wurdest gewogen«. Die Fortsetzung des Gedankens »und du wurdest zu leicht befunden« deutet gleichfalls das »tkl« und liest sich »tekal«, »du bist leicht«.

In gleicher, überraschender Weise entnimmt Daniel dem Wort »parsin« die Deutung einer doppelten Ankündigung. »Prs« ohne Vokale heißt mit Vokalen geschrieben »perēs« und bedeutet nichts weiter als der Singular von »parsin«, d.h. »eine Teil- oder Halbmine«. Daniel liest »perîs« (Partizip passiv) = »gebrochen, weggebrochen, losgerissen« und vervollständigt die eben gemachte Aussage zu dem Satz: »es wurde losgerissen dein Königtum von dir«. Im lautlichen Anklang von »prs« mit »pāras« = Persien findet der Prophet nicht nur den Niedergang, sondern auch die Fortsetzung des

Reiches, nur jetzt unter persischer Führung. Im Gesamten soll gezeigt werden, wie Daniel aus Gewichts- und Münzangaben wortspielartig und in mehrdeutigem Sinne die geheimnisvolle Schrift in verständliche Worte zu kleiden weiß. So lautet der Text also:

Gott hat die Tage und die Zeit deines Königtums gezählt und festgestellt, dass die im Voraus bestimmte Zahl voll erreicht und damit das Königtum zu Ende gekommen ist. Du wurdest gewogen und für zu leicht befunden. Dein Königtum wird dir weggerissen und den Persern gegeben.

Ungemein rasch, aber in packender Form, kommt die Erzählung zum Schluss. Die versprochene Belohnung wird überreicht. Der Tod Belschazzars, der sich dem Zwischenspiel anschließt, ist zugleich das Ende der chaldäischen Dynastie und des neubabylonischen Reichs.

Kapitel 6,1: Der Übergang zur Weltherrschaft geschieht durch Darius, den Meder, der das Königtum erhält. Damit beginnt ein neues Zeitalter und mit ihm neue Herrschaftsverhältnisse.

5.1. Exkurs: Meder und Perser

Die Reihenfolge, Meder und Perser, die im ganzen biblischen Buch beibehalten wird und besonders den

Kapiteln 5 und 6 zugrunde liegt, wirft die Frage auf, wer sich hinter dem Namen »Darius, der Meder« verbirgt?

Zunächst wäre zu sagen, dass Historiker und Archäologen keinen medischen König Darius kennen. Zur Geschichte lässt sich, kurz gefasst, etwa Folgendes sagen:

Die Meder als Stamm und Volk treten um das 9. Jahrhundert v.Chr. auf. Sie wohnten zunächst um den Urmiasee, der im heutigen Iran (Ost-Azarbaijan) lag. Damals gab es um den See Wald und die Umgebung war bewohnt. Durch eine rigorose Abholzung der Wälder versteppte der See, so dass er schließlich versalzte. In den assyrischen Nachrichten jener Zeit, zuerst in den Annalen des Königs Salmanassar III. für das Jahr 836 v.Chr., werden neben Persern auch medische Stämme genannt. Da eine Vielzahl von Anführern erwähnt wird, haben diese, auch wenn sie »Könige« genannt werden, nur kleinere Truppen zu befehligen und können von daher als Stammesälteste (Scheik) gelten. Im Laufe von ungefähr hundert Jahren (715 v.Chr.) einte ein Daiukku[5] die verschiedenen Stämme zu einem Volk und machte es zu einem Reich[6]. Die Assyrer unter Sargon II. (Regierungszeit 646-625 v.Chr.) führten Krieg gegen die Meder - und siegten.

Der Nachfolger des Begründers des medischen Rei-

---

[5]bei Herodot Deiokes genannt.
[6]der Begriff »Reich« geht mit einem Herrscher einher.

ches - Daiukku - war sein Sohn Phraortes (Regierungszeit 646-625 v.Chr.). Er setzte den Krieg ohne großen Erfolg fort. Sein Sohn wiederum war der besonders erfolgreiche Kyaxares (Regierungszeit 625-585 v.Chr.). Er konnte mit Hilfe von Nabopolassar, dem Vater Nebukadnezzars, die Assyrer entscheidend schlagen. Assur fiel 614, Ninive 612 v.Chr. Die Sieger teilten die Beute unter sich auf, wie das unter Siegern üblich ist. Die Meder besetzten das assyrische Kerngebiet bis zum Mittellauf des Tigris und drangen im Norden bis Harran vor; den Chaldäern fiel das übrige Mesopotamien zu. Sie beanspruchten aber auch Gebiete westlich des Euphrat, also Syrien und weitere Gegenden, die später mit dem Namen Palästina bezeichnet wurden. Selbst der erste Perserkönig Kyrus II. war eine Zeit Vasall (Lehnsmann, Gefolgsmann) der Meder. Wie und wann er die medische Herrschaft abschüttelte, weiß man nicht. Der Übergang könnte Jahre gedauert haben.

Der letzte Herrscher aus medischer Herkunft war Astyages (Regierungszeit 585–550 v.Chr.). Über seine Taten gibt es nicht viel zu berichten, außer einer Bibelstelle (Vers 14,1).

Das medische Reich endete auch mit dem neubabylonischen Reich. Der König der Meder, Astyages, und der Vizekönig der Babylonier, Belschazzar (Bēl-šar-uṣur), wurden durch den König Kyrus II. besiegt. Danach hatten sie keine politische Macht mehr, auch wenn die Meder als Volk noch weiter existierten[7]. Kyrus (Kyros, Cyrus) nahm neben der Hauptstadt der Meder, Ekbatana, auch die Hauptstadt Babyloniens, Babel, (um 550 v.Chr.) ein. Diese Städte galten zwar weiterhin als Hauptstädte, aber nunmehr unter persischer Herrschaft. Der König Astyages wird im Buch Daniel in Kap.14,1 erwähnt[8].

Neben den obigen Darstellungen der geschichtlichen Ereignisse, soweit sie bekannt sind, bleibt die eigentliche Frage - wer im Buch Daniel Darius der Meder war - ungeklärt. Historisch betrachtet war Darius I. (Regierungszeit 522 - 486 v.Chr.), eigentlich Dareios I. Perser, aber kein Meder.

Eine andere Antwort lässt sich in der Geschichtsschreibung nicht finden. Die geschichtlichen Begebenheiten, die sich im Buch Daniel ereigneten, stimmen mit den historischen Tatsachen nicht überein. Gleiches lässt sich auch zum Apokryphenbuch Judit sagen. Hier wurde Nebukadnezar als Assyrer bezeichnet. Im Buch Esther folgt auf Nebukadnezar unmittelbar Artaxerxes, obwohl Nebukadnezar ein Chaldäer und Artaxerxes ein Perser war. Zudem liegen zwischen beiden Königen rund 150 Jahre.

König Dareios, der neben Kyrus und Xerxes Groß-

---

[7]Nach den griechischen Quellen werden die beiden Völker als Einheit betrachtet und deshalb werden die Perser auch als Meder bezeichnet.

[8]Der König Astyages ging zu seinen Vätern heim und sein Reich übernahm der Perser Kyrus.

könig des Perserreiches war, stammt aus einer Nebenlinie der Achaimeniden. Der medische Magier Gaumata usurpierte sich (nach Darstellung Dareios) an die Macht. Innerhalb weniger Jahre, nach den üblichen Kriegen, konnte Dareios wieder den Königsthron einnehmen. Bei dieser Zurückeroberung »halfen ihm Wenige«. Diese Wenigen waren die späteren sieben Fürsten des Königs, die ungehindert Zugang zu ihm hatten. Wie auch die Inschrift in Behistān besagt: »Er floh mit wenigen Reitern.« Die Bibel erwähnt diesen Sachverhalt in Esther 1,14. Das Bild 5.2 macht dies deutlich. Er betet mit seiner Rechten seinen Gott Zarathustra an. Unter den Füßen der medische Zauberer Gaumata (möglicherweise der rechtmäßige Nachfolger Brdiya), der sich zuvor an die Macht in Persien putschte, fleht aber hier um Gnade.

KAPITEL 6

DANIEL IN DER LÖWENGRUBE

Dieses Kapitel stellt wieder eine neue Herausforderung für Daniel dar. Daniel gerät aus noch zu bestimmenden Gründen in die Löwengrube. Der Regierungszeit des persischen Königs Darius I. (Dareios) (522-486 v.Chr.) nach zu schließen, lässt sich das Lebensalter Daniels auf rund 100 Jahre ermitteln. Der biblische Text, der sich anschließt, leitet zur Szene hin:

Daniel in der Löwengrube

Darius fand es für gut, über das Reich hundertzwanzig Satrapen einzusetzen, die über das ganze Reich verteilt sein sollten. ³Über diese wieder setzte er drei oberste Beamte, zu denen auch Daniel gehörte. Ihnen sollten die Satrapen Rechenschaft ablegen, damit der König keinen Schaden erleide. ⁴Daniel nun zeichnete sich vor den anderen obersten Beamten und den Satrapen aus; denn in ihm war ein außergewöhnlicher Geist. Der König erwog sogar, ihn zum höchsten Beamten des ganzen Reiches zu machen. ⁵Da suchten die obersten Beamten und die Satrapen einen Grund, um Daniel wegen seiner Amtsführung anzuklagen. Sie konnten aber keinen Grund zur Anklage und kein Vergehen finden; denn er war zuverlässig. Keine Nachlässigkeit und kein Vergehen konnte man ihm nachweisen. [6]Da sagten jene Männer: Wir werden keinen Grund finden, um diesen Daniel anzuklagen, es sei denn, wir finden gegen ihn etwas wegen des Gesetzes seines Gottes. [7]Darum bestürmten die obersten Beamten und Satrapen den König und sagten zu ihm: König Darius, mögest du ewig leben. [8]Alle obersten Beamten des Reiches, die Präfekten, Satrapen, Räte und Statthalter raten dem König, ein Dekret zu erlassen und folgendes Verbot in Kraft zu setzen: Jeder, der innerhalb von dreißig Tagen an irgendeinen Gott oder Menschen außer an dich, König, eine Bitte richtet, der soll in die Löwengrube geworfen werden. [9]Erlass dieses Verbot, o König, und fertige ein Schreiben darüber aus! Es soll nach dem unwandelbaren Gesetz der Meder und Perser unabänderlich sein. [10]König Darius unterzeichnete das Verbot.

Die 120 Satrapen[1] konnten der Anzahl der Bezirke des Reichs entsprechen.

Der biblischen Erzählung nach zählt Daniel zu den drei obersten Beamten des persischen Reichs. Die 120 Verwalter mussten diesen drei obersten Vertretern des Königs Bericht erstatten. Wenn auch rechnerisch Daniel 40 Bezirke des Persischen Reichs zu beaufsichtigen hatte, wird man schwerlich auf die genaue Zahl beharren wollen. Die Zahl der königlichen Großwesire, auf die er sich verlassen konnte, ließen für den König genügend freie Zeit, seinen Beschäftigungen nachzugehen.

Der »überragende Geist« in Daniel will nicht bloß

---

[1]Satrapie = Statthalter in der Antike, Persien

seine natürliche Begabung hervorheben, sondern seine
Erfolge seinem Gott zuschreiben. Die Eifersucht seiner
Mitbeamten musste bei der unantastbaren Treue Daniels eine Falle für ihn schaffen. Sie konnten aus dem
Verkehr mit den Juden wissen, dass sie regelmäßig zu
ihrem Gott beteten. Die Form, die sie dem Gesetz gaben, schloss dementsprechend nicht die Zumutung in
sich, dass die Juden dem König Darius göttliche Ehrung
zollten, wiewohl so etwas bei orientalischen Potentaten
keinen unerhörten Anspruch bedeutet hätte. Die Löwen, die zur Jagd und Tierkämpfen gehalten wurden,
wurden auch zur Vollstreckung der Todesstrafe verwendet. Dies wirft Bild auf Eigenart und Grausamkeit der
damaligen Zeit.

Der nachfolgende Bibeltext schildert den weiteren
Verlauf der Episode:

> [11]Als Daniel erfuhr, dass das Schreiben unterzeichnet war,
> ging er in sein Haus. In seinem Obergemach waren die Fenster nach Jerusalem hin offen. Dort kniete er dreimal am Tag
> nieder und richtete sein Gebet und seinen Lobpreis an seinen
> Gott, ganz so, wie er es gewohnt war. [12]Nun schlichen sich
> jene Männer heran und fanden Daniel, wie er zu seinem Gott
> betete und flehte. [13]Darauf gingen sie zum König und erinnerten ihn an sein Verbot; sie sagten: O König, hast du nicht
> ein Verbot unterzeichnet, nach dem jeder, der innerhalb von
> dreißig Tagen an irgendeinen Gott oder Menschen außer an
> dich, König, eine Bitte richtet, in die Löwengrube geworfen
> werden soll? Der König gab zur Antwort: Die Anordnung
> steht fest nach dem unwandelbaren Gesetz der Meder und
> Perser. [14]Da berichteten sie dem König: Daniel, einer von den

verschleppten Juden, achtet weder dich, König, noch das Verbot, das du unterschrieben hast, sondern verrichtet dreimal am Tag sein Gebet. 15 Als der König das hörte, war es ihm sehr peinlich und er dachte nach, wie er Daniel retten könne. Bis Sonnenuntergang bemühte er sich, ihn freizubekommen. 16Doch jene Männer bestürmten ihn und sagten: Bedenke, König, es ist bei den Medern und Persern Gesetz, dass jedes Verbot und Dekret, das der König erlässt, unabänderlich ist. 17 Darauf befahl der König, Daniel herzubringen, und man warf ihn zu den Löwen in die Grube. Der König sagte noch zu Daniel: Möge dein Gott, dem du so unablässig dienst, dich erretten. 18Und man nahm einen großen Stein und wälzte ihn auf die Öffnung der Grube. Der König versiegelte ihn mit seinem Siegel und den Siegeln seiner Großen, um zu verhindern, dass an der Lage Daniels etwas verändert würde. 19Dann ging der König in seinen Palast; fastend verbrachte er die Nacht; er ließ sich keine Speisen bringen und konnte keinen Schlaf finden. 20Früh am Morgen, als es gerade hell wurde, stand der König auf und ging in Eile zur Löwengrube. 21Als er sich der Grube näherte, rief er mit schmerzlicher Stimme nach Daniel und fragte: Daniel, du Diener des lebendigen Gottes! Hat dein Gott, dem du so unablässig dienst, dich vor den Löwen erretten können?

Das dreimalige Gebet während jeweils eines Tages ist auch in Psalm 55,18[2] nachweisbar. Der Richtung des Betenden, Jerusalem zugewandt, machte es den Gegnern leicht, Daniel bei der Übertretung des königlichen Erlasses zu überraschen. Das offene Fenster sollte das Sehnen und Wehklagen zum Ausdruck bringen; es sollte von Gott gehört und nach Jerusalem »durch

---

[2]Am Abend, am Morgen, am Mittag seufze ich und stöhne; er hört mein Klagen.

die Luft« übertragen werden. Die höfischen Gelehrten legten den König nochmal auf den unwiderruflichen Erlass fest, um Daniel anzuklagen. Sie ließen auch den zögernden König mit ihren Drängen nicht zur Ruhe kommen, bis er den Befehl zum Vollzug der Strafe gab.

Dass der betrübte König Daniel auf die Hilfe seines Gottes verweist, bringt die eigene Hilflosigkeit des Gönners zum Ausdruck, ohne dass er dabei zum jüdischen Glauben übergetreten wäre. Die doppelte Versiegelung des Steins, der die kleine, oben befindliche Öffnung verschloss, entspringt dem gegenseitigen Misstrauen und dem gegensätzlichen Interesse am Schicksal des Daniel.

Dass dem König in dieser Stimmung nichts schmeckte, hatte seine Ursache in der Sorge um Daniel. Ganz früh am Morgen, noch bevor es hell wurde, eilte er zur Löwengrube und rief sorgenvoll nach Daniel. Hierzu die restlichen Bibelverse des Kapitels

[22]Daniel antwortete ihm: O König, mögest du ewig leben. [23]Mein Gott hat seinen Engel gesandt und den Rachen der Löwen verschlossen. Sie taten mir nichts zu Leide; denn in seinen Augen war ich schuldlos und auch dir gegenüber König bin ich ohne Schuld. [24] Darüber war der König hoch erfreut und befahl, Daniel aus der Grube herauszuholen. So wurde Daniel aus der Grube heraus geholt; man fand an ihm nicht die geringste Verletzung, denn er hatte seinem Gott vertraut. [25]Nun aber ließ der König die Männer herbei holen, die Daniel verklagt hatten, und ließ sie mit ihren Kindern

und Frauen die Löwengrube werfen. Sie waren noch nicht am Boden der Grube angelangt, da stürzten sich die Löwen auf sie und zermalmten ihnen alle Knochen.

[26]Daraufhin schrieb König Darius an alle Völker, Nationen und Sprachen auf der ganzen Erde: Friede sei mit euch in Fülle! [27]Hiermit ordne ich an: Im ganzen Gebiet meines Reiches soll man vor dem Gott Daniels zittern und sich vor ihm fürchten. Denn er ist der lebendige Gott; er lebt in Ewigkeit. Sein Reich geht niemals unter; seine Herrschaft hat kein Ende. [28]Er rettet und befreit; er wirkt Zeichen und Wunder am Himmel und auf der Erde; er hat Daniel aus den Tatzen der Löwen errettet. [29]Daniel aber ging es gut unter dem König Darius und auch unter dem Perserkönig Kyrus.

Auf die Frage des Königs Dareios, ob Daniel noch am Leben sei, antwortete er ihm, zunächst mit den üblichen, lobenden Worten, die ein antiker König erwartete, fügte dann aber hinzu, dass er noch am Leben sei. Gott habe seinen Engel gesandt, der ihn vorm sicheren Tod bewahrt habe, gab er als Grund seiner Bewahrung an.

Die Freude des Königs war grenzenlos. Sogleich ließ er ihn aus der Grube holen und warf die Kläger mitsamt ihren Frauen und Kindern in die Löwengrube, in der sie umgehend aufgefressen wurden. Abschließend verfasste der König einen Befehl an alle Völker und Nationen in seinem Herrschaftsbereich, dass vor Daniels Gott alle Völker und Nationen zu zittern und sich zu fürchten hätten, weil er der alleinige Gott wäre. Im Übrigen werden in Vers 25 zum ersten Mal im Buch Daniel

Frauen erwähnt. Der Kontext lässt den Stellenwert der Frau erkennen.

Dass Gottes Herrschaft im Judenvolk hier mit ähnlichen Worten gepriesen wird, wie sie dem messianischen Reich der Zukunft gewidmet werden, klingt leise an den Gedanken, dass das jüdische Volk zum Träger des messianischen Reichs bestimmt war. Der Erlass des Darius hebt den Hauptzweck der Erzählung hervor: Der Gott der Juden erzwingt sich durch seine Wunder Anerkennung auch bei den Heiden, wie das auch das Lehrziel der vorausgehenden Episoden im Wesentlichen ist.

Der letzte Vers bezieht sich auf die Königsfolge. Der erste Vers des 6. Kapitels nennt Darius einen Meder. Es ist nicht erforderlich, nochmals auf die Unstimmigkeit einzugehen.

In diesem Zwischenspiel wird Daniel auf ungewöhnliche Weise gerettet. Es stellt sich daher die Frage, ob das Lehrstück realen Charakter hat. Es bedarf keiner weiteren Erörterung, dass Löwen sowohl zur Jagd, als auch für menschliche Zweikämpfe trainiert, ihre Aufgabe restlos erfüllten. Kein Mensch kann hungrigen Löwen entgehen, wenn man mit ihnen einen Käfig gesperrt wird. Zur Beantwortung dieser Frage folgender Abschnitt:

6.1. Die Rettung

Um 1990 gab es in einer bekannten Kairoer Universität einen Gelehrten namens Mark A. Gabriel, der für die Lehre des Islams zuständig war und sie auch unterrichtete. Dieser gelehrte Mann kam nach einer starken inneren Zweifel über den Islam zum Glauben an Jesus Christus. Er beschreibt in seinem Buch »Islam und Terrorismus«seine persönlichen Erlebnisse, die spannend dargestellt sind und ein typisches Licht auf den heutigen Islam mit seinem Terrorismus und seinen Selbstmord-Attentaten werfen. Der Gelehrte gab sich nach seiner Hinwendung zum christlichen Glauben den Namen »Mark A. Gabriel«. Das von dem Mann verfasste Buch, im Resch–Verlag erschienen[AGa04], beschreibt, wie es ihm ergangen ist, als er von der Geheimpolizei verhört wurde. Er beschrieb die körperlichen Qualen, die er zu erleiden hatte. Selbst seine Eltern trachteten ihm nach dem Leben. Im Gefängnis gelandet, durfte er den Grund seines Gefängnisaufenthalts den anderen Insassen nicht mitteilen; sie hätten ihn sonst gelyncht. Als er dann in ein Rattenloch geworfen wurde, ging die Hoffnung der Geheimpolizei, die hungrigen Ratten würden ihn totbeißen und auffressen, nicht auf. Vielmehr küssten sie ihn!

Dann kam er in eine Einzelzelle. Ein großer Hund, offensichtlich dürr und ausgehungert, wurde zu ihm in die Zelle geführt. Auch hier erfüllte sich die Hoffnung der Staatspolizei nicht, der Hund würde ihn totbeißen. Vielmehr während des abends gegenseitigen Belauerns und Beriechens leckte der ansonsten bissige Hund den gelehrten Mann am Ohr. Der Hund legte sich zufrieden in seine Ecke, so, als hätte er seine Arbeit gemacht. Am nächsten Morgen geschah das Gleiche nochmal. Als die Polizei sah, dass der Professor noch lebte, war die Meinung der Staatsgewalt geteilt. Die einen sahen in ihm den obersten der Teufel, der den Hund behext hatte, die anderen meinten, er sei durch eine höhere Macht beschützt worden.

Damit war das, was sich gegen 1990 in Kairo zu trug, vergleichbar mit dem biblischen Bericht von **Daniel in der Löwengrube**.

Die Dinge, die sich zwischen Himmel und Erde zutragen, sind oft nicht einfach zu erklären. Sie bleiben bisweilen ein Rätsel und sind menschlicher Logik nicht selten verschlossen.

ZEIT DES ÜBERGANGS

Mit Kapitel 6 - Daniel in der Löwengrube - enden die geschichtlichen Erzählungen im Buch Daniel. Die nachfolgenden Kapitel erwähnen zwar noch verschiedene Könige, diese haben aber keinen Bezug zum Inhalt. Wie bereits gesagt, haben Priester die Texte des Buchs Daniel verfasst. Hierzu ein Beispiel von Zahlenangaben, die aus verschiedenen Kapiteln entnommen wurden:

Kap. 1,1   Im dritten Jahr der Herrschaft ...
Kap. 8,1   Im dritten Jahr ... Belschazzars ...
Kap. 10,1 Im dritten Jahr des Königs Kyrus ...

Kap. 9,1   Im ersten Jahr, nachdem Darius ...
Kap. 7,1   Im ersten Jahr Belschazzars ...
Kap. 11,1 Im ersten Jahr des Meders Darius ...

Kap. 2,1   Im zweiten Jahr der Herrschaft ...

Das Unterkapitel, »Zeit des Übergangs«, wurde gewählt, weil die folgenden Kapitel dem Charakter nach selbständig sind. Diese Kapitel beinhalten eine langanhaltende Auseinandersetzung zwischen den damaligen

Weltmächten und den Juden. Daniel deutete bislang
die Träume der neubabylonischen und persischen Könige. Jetzt, mit Kapitel 7, tritt etwas Neues ein. Jetzt
haben die nahöstlichen Könige (Kap 7-11] keine Träume
mehr, sondern im Buch Daniel werden eine andere Art
von Träumen vorgestellt.

Wenn auch in ganzem Buch Träume, Visionen, Gesichte und Weissagungen vorherrschen, sind die ab
Kapitel 7 von einer anderen, neuen Qualität.

Wenn Daniel nicht mehr gelebt hat, also nicht mehr
der Verfasser war, was wollten jüdische Schreibschulen
mit ihren verschiedene Lehrmeinungen, Schriftgelehrte
und andere jüdische Autoritäten mit diesen Träumen
ausdrücken? Was wollten sie bezwecken? Hierzu folgendes Profil:

1. Im ganzen Buch Daniel herrschen Träume und
   Visionen vor.
2. Das Volk Israel, zahlenmäßig klein, konnte militärisch nichts gegen die jeweiligen Weltmächte
   ausrichten.
3. Sie fragten sich, wann die Zeit der Unterdrückung
   vorbei sei.
4. Sie suchten im Wort Gottes nach dem Ende der
   Unterdrückung.
5. Das Buch Daniel ist zwischen 580 - 130 v.Chr.
   entstanden.
6. Während dieser Zeit haben verschiedene Lehr-

meinungen existiert.

7. Auch fragten sich, ob sie gegen die Unterdrücker einen militärischen Kampf im Sinne der Guerilla-Taktik (Makkabäer) wagen sollten.

Die Punkte 6 + 7 sind von allgemeinem Interesse. Solche Fragen haben zu allen Zeiten Menschen bewegt: Kann man durch Krieg zum Frieden kommen? Die Frage ist unlogisch, weil sie Gegenteile ausdrücken.

Kriegsgewinner hatten schon immer geplündert, geraubt, zerstört und gebrandschatzt. Bibliotheken, wertvolle Gold- und Silberwaren wurden entwendet. Das war so, ist so und bleibt so. Der Sieger plündert, der Verlierer wird ausgeplündert, wenn er dabei noch seine Ehre verliert, um so besser.

Das war beim König der Könige genauso. Das Volk der Juden wurde durch ihn recht-, ehr- und heimatlos. Ihre Seele weinte - und sie konnten nichts dagegen tun. Dann griffen sie zu einem Trick.

Reale Weltreiche, Persien und Griechenland wurden mit Tiernamen belegt. Persien war der Widder und Griechenland der Ziegenbock.

Der Kampf tobte. Ein Horn brach ab, ein neues wuchs heran, aus einem anderen Horn ward ein ganz großes gebildet. Reale Kriegsherren stilisierte man zu widergöttlichen Wesen. Ort der Zierde, Sternenheer, Gebieter des Himmels, eine Zeit, zwei Zeiten und eine halbe Zeit, 70 Jahrwochen - kurz man transformierte Könige und reale Ereignisse und legte sie Gott in den Mund. Sie glaubten, der Herr würde für sie kämpfen, zumal die Tiere weit vor den aktuellen Ereignissen in der Bibel standen. Daher konnten sie folgern, Gott würde für sie streiten. Es waren aber nur Geistkämpfe, die zwischen den Erzengel Michael und Gabriel und den aktuellen Weltmächten tobten. So blieb Kampf und Sieg nur virtuell bestehen. Geistkämpfe, Weissagung, Prophetie, religiöser Größenwahn, hochmütiger Schwarmgeist, Täuschung, Ekstase, Arroganz des Religiösen. All das spielte in den Szenen mit.

KAPITEL 7

VISION VON DEN VIER TIEREN UND DEM MENSCHENSOHN

Die folgende Gruppe von Danielepisoden Kap. 7–12 zeigt ihre Selbständigkeit gegenüber Kap. 1–6 dadurch, dass sie eine andere zeitliche Aufeinanderfolge bietet. Auch nimmt Daniel eine wesentlich andere Stellung in den Ereignissen ein: Vorher teilte er mittels der ihm innewohnenden göttlichen Weisheit übernatürlich Kenntnisse mit; von jetzt ab hat er bloß ein wahrnehmenden Blick für weissagenden Gesichte und ein Ohr für die Aussagen der Geräusche und der Aussagen der Engel und der Engelfürsten. Der biblische Text stellt den Traum vor:

Daniels Vision von den vier Tieren und vom Menschensohn

[1]Im ersten Jahr Belschazzars, des Königs von Babel, hatte Daniel einen Traum; auf seinem Lager hatte er eine Vision. Er schrieb den Traum auf und sein Bericht hat folgenden Inhalt:

[2]Ich hatte während der Nacht eine Vision: Die vier Winde des Himmels wühlten das große Meer auf. [3]Dann stiegen aus dem Meer vier große Tiere herauf; jedes hatte eine andere Gestalt. [4]Das erste war einem Löwen ähnlich, hatte jedoch Adlerflügel. Während ich es betrachtete, wurden ihm die Flügel ausgerissen; es wurde vom Boden emporgehoben und wie ein Mensch auf zwei Füße gestellt und es wurde ihm ein menschliches Herz gegeben.

[5]Dann erschien ein zweites Tier; es glich einem Bären und war nach einer Seite hin aufgerichtet. Es hielt drei Rippen zwischen den Zähnen in seinem Maul und man ermunterte es: Auf, friss noch viel mehr Fleisch! [6]Danach sah ich ein anderes Tier; es glich einem Panther, hatte aber auf dem Rücken vier Flügel, wie die Flügel eines Vogels; auch hatte das Tier vier Köpfe; ihm wurde die Macht eines Herrschers verliehen. [7]Danach sah ich in meinen nächtlichen Visionen ein viertes Tier; es war furchtbar und schrecklich anzusehen und sehr stark; es hatte große Zähne aus Eisen. Es fraß und zermalmte alles, und was übrig blieb, zertrat es mit den Füßen. Von den anderen Tieren war es völlig verschieden. Auch hatte es zehn Hörner. [8]Als ich die Hörner betrachtete, da wuchs zwischen ihnen ein anderes, kleineres Horn empor und vor ihm wurden drei von den früheren Hörnern ausgerissen; und an diesem Horn waren Augen wie Menschenaugen und ein Maul, das anmaßend redete.

Der erste Vers führt in das Kapitel ein. Daniel hat auf seinem Lager einen Traum, der von ihm selbst aufgeschrieben wurde. Dieses Aufschreiben eines Traums ist neu, lässt aber auch aufhorchen, zumal eine Wichtigkeit mitgeteilt wird.

Nach dem einleitenden ersten Vers kommt beim

zweiten Vers Daniel selbst zu Wort: »Ich hatte während der Nacht eine Vision:« Dass Daniel auch nachts eine Vision hatte, erinnert an die zwei Träume Nebukadnezzars, die auch während des Nachts stattfanden. Mit Vers 3 wird der Traum Daniels mitgeteilt:

Vier Winde aus den vier Himmelsrichtungen kommend, wühlen das große Weltmeer auf, dabei werden vier große Tiere an Land gespült. Diese Tiere oder die Mischwesen kommen von Unten, von der Erde her, und werden nach oben gespült. Dabei betreten sie das Tageslicht. Dort werden sie nach göttlichen Licht und Recht beurteilt. Dass sie von Unten kamen, besagt, dass sie nicht vom Himmel kamen. Die erwähnten Chimären sind keine Erfindung Daniels oder seiner Schreiber, sondern waren üblich und dienten zur Darstellung ihrer Macht. Zu denken wäre in diesem Zusammenhang die nationalen und internationalen Flaggen, die Tiere wie Adler, Greife, Löwen und ähnliche Tiere als Symbole haben. Auch soll Kraft, Überlegenheit, Unschlagbarkeit und Schnelligkeit vermittelt werden. Die alten orientalischen Mächte mit ihren verschiedenen Tiersymbolen sind zeitlich nicht weit weg.

7.1. Die vier Tiere

In einer Tabelle dargestellt, ergibt sich folgende Aufstellung:

1.Tier: ähnlich einem Löwen, hatte zudem Adlerflü-
    gel, dann werden ihm die Flügel herausgerissen,
    später ist es einem Menschen ähnlich.

2.Tier: ähnlich einem Bären, lag auf der Seite, hatte
    drei Fleischrippen im Maul und wurde ermunter-
    te, noch mehr Fleisch zu fressen.

3.Tier: ähnlich einem Panther mit vier Flügeln auf
    dem Rücken gleich Vogelfedern. Das Tier hatte
    auch noch vier Köpfe. Man gab ihm die Macht
    eines Herrschers.

4.Tier: ganz anders dieses Tier, groß, gewaltig, furcht-
    bar, schrecklich anzusehen. Zudem hatte das
    Ungeheuer Zähne aus Eisen. Es hatte auch zehn
    Hörner, mit denen es kämpfte. Dann wuchs einen
    neues, kleines Horn zwischen den zehn Hörnern
    und drei der früheren Hörner wurden heraus-
    gerissen. Das widergöttliche Wesen hatte Augen
    und redete außerdem anmaßende Worte.[1]

Die vier Tiere werden als Wesen geschildert, die
besondere Verbindungen eingegangen sind, die man
als Mischwesen oder Bastarde bezeichnen könnte. Sie
betreten das Festland. Offenbar haben sie dort eine
besondere Aufgabe zu erfüllen, denn sonst wäre der
Traum in dieser Deutlichkeit und Ausführlichkeit nicht

---

[1]Naftali tur Sinai: »Ob des Lärms der gewaltigen Worte.«

erzählt worden. Das letzte Mischtier gebärdet sich als besonderes, ja antigöttliches Wesen. Es erscheint als unheimlich und furchtbar: Das Gebiss ist nämlich aus Eisen, seine Klauen sind aus Bronze. Dann hat das sonderbare Tier auch noch 10 Hörner. Zwischen diesen wächst zu allem scheinbaren Überdruss ein weiteres, kleines Horn heraus. Mit seinem Erscheinen werden drei vorherige Hörner herausgerissen. Die Macht des kleinen Horns war so groß, dass es die ehemaligen drei Hörner, die als Reiche gelten, herausreißen konnte. Auch die drei vorherigen Tierreiche vernichtete der Bastard.

Es gibt Ausleger, die in den verschiedenen Tieren auch verschiedene, aber reale Reiche sehen. Das letzte Tier ist ein ganz besonderes antigöttliches Reich. Es wurde auf das Römische Reich bezogen. Dieses Kapitel dient als Vorbereitung für das nächste, wie auch das Kapitel 2 als Vorbereitung für das Kapitel 4 dient.

Eine Überlegung ist die, dass die Tier-Mensch-Symbolik als Stellvertreter allgemeiner Reiche steht. Es wird kein konkreter Name genannt. Wenn alle Bastarde aus den vier Himmelsrichtungen kamen, der letzte aber mit keiner, auch nicht mit der südlichen Himmelsrichtung gleich zu setzen ist, fällt die Annahme der eben geäußerten Aussage leicht. Die vier Himmelsrichtungen haben auch ein Synonym zu den vier Weltgegenden, mit denen sich die Altorientalischen Herrscher schmückten.

7.2. Gottes Gegenschlag

[9]Ich sah immer noch hin; da wurden Throne aufgestellt und ein Hochbetagter nahm Platz. Sein Gewand war weiß wie Schnee, sein Haar wie reine Wolle. Feuerflammen waren sein Thron und dessen Räder waren loderndes Feuer. [10]Ein Strom von Feuer ging von ihm aus. Tausendmal Tausende dienten ihm, zehntausendmal Zehntausende standen vor ihm. Das Gericht nahm Platz und es wurden Bücher aufgeschlagen. [11]Ich sah immer noch hin, bis das Tier - wegen der anmaßenden Worte, die das Horn redete - getötet wurde. Sein Körper wurde dem Feuer übergeben und vernichtet. [12]Auch den anderen Tieren wurde die Herrschaft genommen. Doch ließ man ihnen das Leben bis zu einer bestimmten Frist.

Bereits mit Vers 9 kündigt sich Gottes Gegenschlag an. Das letzte Wesen und sein Kommen wird eingeleitet mit den Worten: »Throne wurden aufgestellt«. Außer der Ehrwürdigkeit des Alters und der eindrucksvollen Kleidung, die uns die vorzügliche Reinheit zeigen will, wird auch ein Thronwagen erwähnt, der aus loderndem Feuer besteht und an Gott als Leiter des Gerichtes denken lässt. Der gesamte Hofstaat setzt sich ganz aus himmlischen Heerscharen zusammen, die dem Herrn auf vollkommene Weise dienen. Der Urteilsspruch, der das vollkommene göttliche Gericht darstellt, wird hier in umgekehrter Reihenfolge vollzogen. Der Antichrist wird als erster vernichtet und dem ewigen Feuer übergeben. Die anderen Tierwesen bekommen noch eine Gnadenfrist eingeräumt, um dann letztlich doch vor das göttliche Gericht gestellt zu werden, denn auch sie zeichnen sich ein starkes widergöttliches Wesen aus. Die Himmelswelt stellt die Wohnstätte Gottes dar. Das beinhaltet auch das himmlische Heer. Sie steht in Kontrast zur irdischen Unterwelt. Zumal der Himmel, die Wohnstätte Gottes mit dem Begriff »Heilig« gleich zu setzen ist, während die Wohnstätte der Mischwesen mit dem Begriff »Unheilig» in Verbindung zu bringen ist.

[13]Immer noch hatte ich die nächtlichen Visionen: Da kam mit den Wolken des Himmels einer wie ein Menschensohn. Er gelangte bis zu dem Hochbetagten und wurde vor ihn geführt. [14]Ihm wurden Herrschaft, Würde und Königtum gegeben. Alle Völker, Nationen und Sprachen müssen ihm dienen. Seine Herrschaft ist eine ewige, unvergängliche Herrschaft. Sein Reich geht niemals unter.

Mit Vers 13 betritt eine weitere Person den Gesichtskreis der Vision. Er kommt mit den Wolken des Himmels daher, der »aussieht wie ein Menschensohn«. Er unterscheidet sich von den vier Mischwesen nicht nur dadurch, dass er von Oben kommt, sondern auch dadurch, dass er vor den Hochbetagten, den Ewigen und Zeitlosen geführt wurde. Dort empfängt er das göttliche Erbe.

Das Reich Gottes, das ewigen Bestand haben wird, wurde eingeleitet mit den Worten: »der aussah wie ein Menschensohn.«

Im Grundtext heißt es nicht »ben adam« = »Sohn des Menschen«, wie zu erwarten wäre. Es heißt vielmehr »bár 'enâsch«, das »Sohn = Angehöriger der Klasse Mensch« bedeutet[2]

Im Gegensatz zu den Tieren als Symbole der irdischen Weltreiche, die von heidnischer Natur waren, wurde ein Mensch gewählt, um auf die Hoheit des erhöhten Gottesreiches hinzuweisen; denn das innere Sehnen des Menschen weist auf einen vollkommenen Gottesmenschen hin. Daher sagt der Text nicht einfach »enâsch«, sondern vielmehr »ke-bâr 'enâsch«.

Daher ist auch die Ausdrucksweise »einer wie ein Mensch« richtig gewählt, da auf diese Weise dies zum gebührenden Ausdruck kommt. Die Bezeichnung, »einer wie ein Mensch«, wäre nicht gewählt worden, wenn nicht die Verschiedenheit der Ausdrucksweisen verdeutlicht werden sollte. Denn dieses »ke« zeigt die Parallelität der betreffenden Größen ausdrücklich an und macht eben dadurch zugleich darauf aufmerksam, dass zwischen ihnen keine volle Identität vorhanden sein kann, sondern in irgendeiner Form eine Differenz besteht. Denn es heißt bekanntlich »einer wie ein Mensch« und nicht nur »ein Mensch«. Entscheidend ist also das Wörtchen »wie«.

Die Umschreibung »wie ein menschenartiger

---

[2]Die Textpassagen, »der aussah *wie* ein Menschensohn«, wurden dem Buch: »Die messianischen Weissagungen« entnommen.[Kön23]

Mensch« sei an dem Beispiel erläutert. Die Aussage: »wie gummiartiger Stoff« verdeutlicht dies. Zunächst ist von einem Stoff die Rede - dies können verschiedene Dinge sein. Zudem ist der Stoff noch »gummiartig«. Zwei Dinge und Eigenschaften sind es, die eine Synthese eingegangen sind. Zwischen dem Stoff und gummiartig besteht Parallelität - keine Identität; denn ein Reifen ist im allgemeinen gummiartig.

Dies trifft bei den verschiedenen Wesen zu, aber nicht beim Menschensohn. Er hat Zugang zu einem Hochbetagten, dessen Name mit Gott anzunehmen leicht fällt. Das himmlische Wesen wird dargestellt durch einen Hochbetagten, einen Heiligen, der unsere Blicke auf Gott richtet. Diese Parallelität geht zur Identität über. Dieses - ähnlich einem Menschensohn - kann nur Hinweis auf ein himmlisches Wesen sein. In Vers 13 wird auch noch beschrieben, dass der Sohn des Hochbetagten mit den Wolken daherkommt und auf der Erde Platz nimmt. Das richtet die Blicke auf einen Menschen, dessen Autorität es gestattet, von Oben zu kommen und auf der Erde Platz zu nehmen. Das erinnert auch an die bereits gemachten Aussagen, dass Gott vom Himmel auf die Erde herniederfahren, aber der Mensch nicht zu Gott hochfahren kann. Zusätzlich stellt es keine Schwierigkeiten dar, dem Menschen- bzw. dem Gottessohn den Namen Jesus zu geben. Damit sind der Hochbetagte und der Menschensohn Synonyme. Gott und Jesus sind zwei Seiten einer Medaille. Die Aussage, dass das AT Vorbereitung für das Kommen von Jesus Christus ist, ist allgemeine bekannt. Jesus ist im Bild des Menschensohnes prädestiniert. Das zeigt sich besonders durch die Wortverbindungen: Himmel - Gott - Sohn - König.

Jesus ist in den Himmel gefahren und von einer Wolke aufgenommen worden (Apg 1,9), um neben dem Hochbetagten Platz zu nehmen. Auch die Stelle (Lk 21,27) bestätigt den Sachverhalt. Wolken und Himmel, Gott und Menschensohn sind Metaphrasen für das Gottesreich.

Auf eine weitere Symbolik sei noch hingewiesen. Das Reich Gottes wird von Oben kommend - nicht von Unten kommend - beschrieben. Das was Unten ist, ist von der Erde. Außerdem ist die Welt von Unten dem Menschen untergeordnet. Im Gegensatz dazu, die von Oben kommende Welt. Die göttliche Welt thront über des Menschen Kopf. Zusätzlich heißt es, dass er mit den Wolken kommt. Wolken sind eine sichtbare Erscheinung. Damit wird gesagt, dass der Menschensohn überraschend kommt. Er kommt wie ein Dieb in der Nacht (1.Thess 5,2). Ein Dieb, der gewöhnlich nachts kommt, kündigt sich nicht vorher an. Das wäre paradox, wenn er das täte; dann wäre er kein Dieb. Natürlich lässt sich ein Dieb weder berechnen noch vorherbestimmen. - Der weitere biblische Text:

[15]Darüber war ich, Daniel, im Geist bekümmert, und was mir vor Augen stand, erschreckte mich. [16]Ich wandte mich an einen der Umstehenden und bat ihn, mir das alles genau zu erklären. Er deutete mir die Vorgänge und sagte: [17]Diese großen Tiere, vier an der Zahl, bedeuten vier Könige, die sich auf der Erde erheben werden. [18]Das Königtum aber werden die Heiligen des Höchsten erhalten und sie werden es behalten für immer und ewig. [19]Dann wollte ich noch Genaueres über das vierte Tier erfahren, das Tier, das anders war als alle anderen, ganz furchtbar anzusehen, mit Zähnen aus Eisen und mit Klauen aus Bronze, das alles fraß und zermalmte, und was übrig blieb, mit den Füßen zertrat. [20]Auch (wollte ich Genaueres erfahren) über die zehn Hörner an seinem Kopf und über das andere Horn, das emporgewachsen war und von dem die drei Hörner abgefallen waren, das Horn, das Augen und einen Mund hatte, der anmaßend redete, und das schließlich größer als die anderen zu sein schien. [21]Ich sah dieses Horn gegen die Heiligen kämpfen. Es überwältigte sie, [22]bis der Hochbetagte kam. Da wurde den Heiligen des Höchsten Recht verschafft und es kam die Zeit, in der die Heiligen das Königtum erhielten. [23]Der (Engel) antwortete mir: Das vierte Tier bedeutet: Ein viertes Reich wird sich auf der Erde erheben, ganz anders als alle anderen Reiche. Es wird die ganze Erde verschlingen, sie zertreten und zermalmen. [24]Die zehn Hörner bedeuten: In jenem Reich werden zehn Könige regieren; doch nach ihnen kommt ein anderer. Dieser ist ganz anders als die früheren. Er stürzt drei Könige, [25]er lästert über den Höchsten und unterdrückt die Heiligen des Höchsten. Die Festzeiten und das Gesetz will er ändern. Ihm werden die Heiligen für eine Zeit und zwei Zeiten und eine halbe Zeit ausgeliefert. [26]Dann aber wird Gericht gehalten. Jenem König wird seine Macht genommen; er wird endgültig ausgetilgt und vernichtet. [27]Die Herrschaft und Macht und die Herrlichkeit aller Reiche unter dem ganzen Himmel werden dem Volk der Heiligen des Höchsten gegeben. Sein Reich

ist ein ewiges Reich und alle Mächte werden ihm dienen
und gehorchen. 28Hier endet die Mitteilung. Mich, Daniel,
erschreckten meine Gedanken sehr und ich erbleichte. Aber
ich bewahrte die Mitteilung in meinem Herzen.

Die Verse 15 bis 28 weisen zurück und bieten neben
kleineren Details lediglich Wiederholungen an. Einigen Eindruck wollen die Verfasser zu diesem Traum
machen, die auf die eingangs geschilderte Szene Bezug
nimmt. Obwohl keine Fragen offen waren, lässt Daniel einen der Umstehenden bitten, ihm den Traum zu
deuten. Offenbar sollte der Traumdeuter selbst dazu
nicht in der Lage sein. Das erledigt dafür »einen der
Umstehenden«, der zwar nicht mit Namen genannt
wird, es könnte sich aber - wie in Vers 23 - ein Engel
gewesen sein. Das ist auch hier ersichtlich.

Das vierte Tier hat eine im Traum dominierende
Rolle inne. Der Vers 25 beschreibt die überheblichen
Worte, die das vierte Tier gegen den Höchsten erhebt.
Die Zeiten, die geändert werden, sind Feste, die das
kleine Horn abschaffen will. Der Ausdruck »Gesetz«
lässt an das jüdische Gesetz denken. Aus beiden ergibt
sich die Religionsverfolgung. Nach der allgemein üblichen Deutung wird ihre Dauer in geheimnisvoller, aber
doch nicht ganz undurchschaubarer Form umschrieben.
Zahlenmäßig könnte man $1 + 2 + 1/2 = 3\ 1/2$ Zeiten
errechnen. Ob diese Zeiten mit Jahren gleich zu setzen sind, ist unsicher. Derselbe Ausdruck wird auch in

Offb 12,14 gebraucht[3]. Es zeigt nicht nur die äußere Verwandtschaft der Bezüge an, sondern auch die inneren. Es geht den Verfasser des Buchs auch darum, die Zeit der Religionsverfolgung zeitlich zu befristen, während die Macht und Verherrlichung des Gottesreichs ewig dauern soll. Die oben erwähnten Zeiten sind die Hälfte der Zahl sieben, die zum einen göttliche Vollkommenheit zum Ausdruck bringt, andererseits aber auch die größte einstellige Primzahl darstellt.

Der Abschnitt endet wie er begonnen hat: Worte wie »erschreckte« und »erbleichte« betonen am Schluss des Kapitels nochmals die Wichtigkeit des Traums. Um ihr eigenes Volk, darum geht es den Schreibern des Buchs Daniel. Sie haben nicht das Heil der Heiden und sonstiger »Ungläubiger« im Sinn, sondern nur ihr eigenes. Aus diesen Aussagen schöpft das Judenvolk ihre Zuversicht und Hoffnung.

Über die Bedeutung des 7.Kapitels wurde bereits einiges gesagt. Das vierte Tier weist auf das griechische Reich Alexander des Großen hin. Die zehn Hörner, die aus diesem Reich empor wachsen, sind seine Nachfolger. Das eine Horn, das zusätzlich zum Vorschein kam und drei Könige und Königreiche beseitige, zeigt auf Antiochus Epiphanes IV. hin. Im Gesamten soll der Eindruck vermittelt werden, dass reale Reiche in Träumen vorgebildet seien. Dadurch aber, dass (im nächsten

---

[3] Wenn es auch in Offb 12,14 um 1260 Tage geht, ergibt die Multiplikation von 360 Tagen mit 3,5 Jahren eben die 1260 Tage.

Kapitel) diese Träume Wirklichkeit werden, wird man den Gedanken nicht los, es stehe eine bestimmte Absicht dahinter, die zu verstehen dann einfach ist, wenn spätere Überarbeiter angenommen werden.

Der Sterne am Himmel des Orients sind scheinbar zahlreicher als die in Europa. Demzufolge ist es nachvollziehbar, dass Sterne eine hellseherische Bedeutung zugeschrieben wurden. Deshalb beobachtete man Sterne, katalogisiert sie zu Sternbildern und kam so zur Astrologie. Die Linie – Sterne – Leben wurde demzufolge auch für das persönliches Leben herangezogen. Eine solche Betreibung von Sternkunde war im Alten Orient gang und gebe. Sogar bei der Geburt Jesu kamen Sternkundige aus dem Osten, um die Geburt eines Königs anzuzeigen. Deshalb würdigten sie den künftigen König, also Jesus, mit Gold, Weihrauch und Myrre.

Neben den Sternen waren auch Träume bedeutungsvoll. Daraus wurde ein besonderer Berufsstand herausgebildet; es waren die Chaldäer. Man meinte, in die Zukunft sehen zu können. Das Wort Gottes nimmt zu Träumen, Traumbildern keine durchweg bejahende Stellung ein. Es zeigt sich auch hier, dass die Geschichten und Erzählungen des Alten Testaments nicht in einem einheitlichen Guss geschrieben wurden. Jeremia, der während des babylonischen Exils lebte, schreibt dazu Einiges.

Jeremia 23,25-27+32.

Jeremia 29,8–9.

Jeremia und Daniel lebten um die gleiche Zeit. Jeremia wurde allerdings von der babylonischen Verbannung verschont. Seine Botschaft ist eindeutig, auch wenn man sie auch nicht hören wollte. Im Vorwort zum Buch Jeremia schreibt die EÜ: »Jeremia ist der Prophet, über dessen Leben wir am besten unterrichtet sind.« Und weiter: »In tiefer Enttäuschung über den Misserfolg seiner Verkündigung, über die Verfolgung durch Jojakim und über die Nachstellungen durch seine eigenen Verwandten und Landsleute ist er der Verzweiflung nahe und wird an Gott fast irre. Jeremia stirbt in Ägypten«.

Anzunehmen ist, dass Schriftgelehrte, Priester und andere jüdische Autoritäten während der griechischen Herrschaft nach dem Willen Gottes fragten. Sie nahmen sich als Gottes Volk wahr und konnten einfach nicht verstehen, warum sie immer die Verlierer waren. Vorstellbar ist weiter, dass man die Ekstase suchte und dabei - voller Verzückung - Träume hatte. Diese Träume kleideten sie in Worte mit realem Bezug und verbanden sie mit dem Namen Daniels. Man nahm also reale Ereignisse, formte sie zu Träumen, datierte sie zurück und legte sie Daniel in den Mund. Das ist das, was spätere Bibellehrer als Prophetie verstanden und unters Volk brachten. Man darf den Juden jedoch keine böse Absichten unterstellen. Weiter ist vorstellbar, dass das neubabylonische Reich auf die Juden einigen negativen Einfluss hatte. Das Vorhandensein von Träumen und ihre Deutung, die im neubabylonischen Reich verbreitet waren, könnte als Vorlage auf sie eingeflossen sein. Demzufolge ist es vorstellbar, dass man es so zur Meisterschaft bringen wollte. Ihre Deutung von Träumen, Visionen und Gesichte sollten also treffender sein als bei den Chaldäern. Träume haben nicht nur einen positiven Ruf.

Im biblischen Buch Sirach wird in Kapitel 34,1-7 dazu Stellung genommen:

Leere Träume und Gottesfurcht:

[1]Nichtige und trügerische Hoffnung ist Sache des Toren und Träume regen nur Törichte auf. [2]Wie einer, der nach Schatten greift und dem Wind nachjagt, so ist einer, der sich auf Träume verlässt. [3]Das Traumbild ist ein Spiegel, das Abbild eines Gesichts gegenüber dem Gesicht selbst. [4]Wie kann Reines vom Unreinen kommen? Wie kann Wahres von der Lüge kommen? [5]Wahrsagung, Zeichendeuterei und Träume sind nichtig: Was du erhoffst, macht das Herz sich vor. [6]Sind sie nicht vom Höchsten zur Warnung gesandt, so schenk ihnen keine Beachtung! [7]Träume haben schon viele in die Irre geführt, weil sie ihnen vertrauten, sind sie gestrauchelt.

Die Aussagen sind an Deutlichkeit nicht zu überbieten. Der Weisheitslehrer Ben Sirach meint damit nicht die babylonischen Zeichen- und Traumdeuter, sondern seine eigenen Leute[4]. Ihnen gilt dieses Wort

---

[4]Abfassungsort ist Jerusalem, Abfassungszeit ist um 180 v.Chr.

der Zurechtweisung.

KAPITEL 8

VISION VOM WIDDER UND ZIEGENBOCK

Wiewohl im Kap. 8 im Unterschied zu Kap. 2-7 wieder von der aramäischen Sprache zur hebräischen des Kap. 1 zurückkehrt, hängen inhaltlich Kap. 8 und 7 eng zusammen. Darauf wurde bereits hingewiesen. Wie Kap. 7 zerfällt auch unser Kapitel in zwei Abschnitte: Das Gesicht vom persischen Widder und griechischen Ziegenbock (V. 1-14) und seine Deutung durch einen Engel (V. 15-27). Abgesehen davon, dass die so genannten prophetischen Formen (sinnbildliche Tiergestalten) in beiden Kapiteln eng verwandt sind, gehen auch viele Verbindungsfäden zwischen beiden Vorgängen hin und her.

Der zweite Teil beginnt mit Vers 15 und geht bis zum Schluss des Kapitels. Die Deutung der Vision, die im ersten Teil des Buchs Gegenstand ist, geschieht durch den bereits bekannten Hochbetagten und weiterer Person, einem Engel und einem Erzengel. Diese geheimnisvollen Gespräche haben ihren bestimmenden Zweck darin, zu ergründen, wann die Zeit der Fremdherrschaft vorbei sei, um im Tempel wieder Kulthandlungen ausführen zu können. Die im Buch genannten Zahlen wie Tage, Zeiten oder Jahrwochen (Siebenheiten) besagen das. So werden reale und geschichtliche Zahlen genommen und sie in den Mund von Engeln gelegt, die für die Belange des jüdischen Volkes eintreten sollen.

Daniels Vision vom Widder und Ziegenbock

Im dritten Jahr der Herrschaft des Königs Belschazzar hatte ich, Daniel, eine Vision, nach jener anderen, die ich früher gehabt hatte. [2]Ich hatte eine Vision, und während ich sie sah, befand ich mich in der Burg Susa, die in der Provinz Elam liegt, am Ulai-Kanal. [3]Ich blickte auf und sah, wie ein Widder am Kanal stand; er hatte zwei Hörner. Beide Hörner waren sehr hoch; doch das eine war noch höher als das andere und das höhere wuchs ihm zuletzt.

Zunächst wird das dritte Jahr des Vizekönigs Belschazzar angeführt, das lose für sich bleibt und keinen weiteren Bezug zum Inhalt des 8.Kap. hat. Die »Ichform« der Rede und die Person, die die Träume hatte, lassen jedoch eine Steigerung erkennen. Die Aussage, »ich Daniel hatte eine Vision, nach jener anderen, die ich früher gehabt hatte«, bezieht sich auf das Kapitel vorher. Außerdem sind Kapitel 6 und 7 zu verschiedenen Zeiten entstanden, sodass eine entsprechende zeitliche Kluft erkennbar ist.

Das bereits im ersten Vers erwähnte Wort »Vision« wird im zweiten Vers wiederholt. Es unterscheidet sich aber durch die Ergänzung »während ich sie sah«. Dadurch wird gesagt, Vision und Person existieren unabhängig voneinander. Der Traum ist eine Erscheinung und die Person Daniel die zweite. Wenn Traum und Person zwei voneinander unabhängige Erscheinungen sind, ist die Person Daniel lediglich Beschauer des Traums; eine eigenartige Konstellation. Das Tier, diesmal ein Widder, steht am besagten Ulaikanal. Die Waffen, die das Tier trägt, sind seine Hörner, mit denen es zu Kämpfen versteht. Das Tier ist Sinnbild für das Persische Reich[1].

Der in Vers 2 und in Vers 16 erwähnte Ulaikanal wird ein künstlich angelegter Seitenarm des Tigris gewesen sein. Er wird zur Bewässerung der Burg und auch der angeschlossenen Wohnhäuser gedient haben. Die Burg galt außerdem als Winterresidenz der persischen Könige. Susa[2] war Hauptstadt des ehemaligen Reiches Elam. Die Bibel erwähnt Elam in:

Genesis 10,22:

»Und dem Sem, dem Vater aller Söhne Ebers, dem älteren Bruder Jafets, auch ihm wurden Söhne geboren. Die Söhne Sems Elam und Assur und Arpaschad und Lud und Aram.«

---

[1]Dan 8,20: Der Widder mit den zwei Hörnern, den du gesehen hast, bedeutet die Könige von Medien und Persien.
[2]Das heutige Sush

Der weitere biblische Text:

> [4]Ich sah, wie der Widder nach Westen, Norden und Süden
> stieß; kein Tier hielt ihm stand und es gab keinen, der sich
> aus seiner Gewalt retten konnte. Er tat, was er wollte, und
> machte sich groß.

Die Verse 3 und 4 erwähnen einen Widder, der am Wasserkanal stand. Wieder werden Hörner erwähnt, die als Waffen zum Kämpfen dienen. Dann wird beschrieben, wie das eine Horn höher wuchs als das andere. Außerdem entstand es ihm zuletzt. Das höhere Horn steht, wieder bildlich gesprochen, für die größte Ausdehnung des Perserreichs. Außerdem stieß das Tier nach den angegeben Himmelsrichtungen und unterwarf alles, was sich ihm entgegenstellte. Nur nach Osten stieß das Tier nicht. Nach Vers 20 des Kapitels steht das Bild des Widders für die Könige Persien.

> [5]Dann bemerkte ich einen Ziegenbock; er überquerte von
> Westen her die ganze Erde, ohne aber den Boden zu berühren;
> der Bock hatte ein auffallendes Horn zwischen den Augen. [6]Er
> lief zu dem Widder mit den zwei Hörnern, den ich am Kanal
> stehen sah, und rannte mit grimmiger Kraft auf ihn los. [7]Ich
> sah, wie er auf den Widder losging und ihm wütend zusetzte.
> Er stieß gegen den Widder und brach ihm beide Hörner ab.
> Der Widder hatte nicht die Kraft, ihm standzuhalten. Da warf
> der Ziegenbock ihn zu Boden und zertrat ihn; und niemand
> war da, um den Widder aus seiner Gewalt zu retten.

Mit Vers 5 betritt ein weiteres Tier die traumbeladene Szene. Der Ziegenbock, der für das griechische (makedonische) Reich steht, kam im raschen Lauf von Westen, also von Griechenland, herangestürmt, so dass er vor lauter Schnelligkeit den Boden nicht zu betreten scheint. Der Ziegenbock wirkte entschlossen und besiegte den Widder. Dass der Ziegenbock den Widder zertrat, indem er ihn entwaffnete, besagt, dass das Perserreich besiegt wurde und Griechenland an seine Stelle trat. - **Der weitere biblische Text:**

> [8]Der Ziegenbock wurde über die Maßen groß. Als er aber am stärksten war, brach das große Horn ab. An seiner Stelle wuchsen ihm vier auffallende Hörner, und zwar nach den vier Himmelsrichtungen.

In den Versen bis Vers 12 werden die Macht und die Kraft des Ziegenbocks beschrieben. Das Tier ist Sinnbild für das Reich Alexanders des Großen. Der biblische Vers 21 setzt nämlich den Ziegenbock mit Jawan, d.h. mit Griechenland (Makedonien) gleich. Der Ziegenbock, stellt den Herrscher selbst dar, hat ein auffallendes Horn. Das Tier stürmte dem Widder mit grimmiger Kraft entgegen. Dabei brach dem Ziegenbock nach langem Kampf das Horn ab. Der frühe Tod Alexanders des Großen wird hier beschrieben, aber auch das Ende des persischen Reichs.

Das andere Horn, das frühzeitig abbrach, wird ersetzt durch vier neue Hörner. Diese stehen sinnbildlich für die Nachfolger Alexanders des Großen, die so genannten Diadochen = Nachfolger. Diese Nachfolger waren seine verdienten Feldherren, die sich bald als Könige ausriefen. Die vier Himmelsrichtungen, die der Vers 18 noch beschreibt, drückt die Größe des makedonischen Reichs aus. Alexanders Reich reichte bis in die indische Region Punjab, das am Rande Himalayas lag. Mit 33 Jahren starb Alexander im Juni 323 v.Chr.[3]

> [9]Aus einem der Hörner ging dann ein anderes Horn hervor. Anfangs klein, wuchs es gewaltig nach Süden und Osten, nach dem Ort der Zierde hin. [10]Es wuchs bis zum Sternenheer am Himmel hinauf und warf einige aus dem Sternenheer auf die Erde herab und zertrat sie. [11]Ja, bis zum Gebieter des Himmelsheeres reckte es sich empor; es entzog ihm das tägliche Opfer und verwüstete sein Heiligtum. [12] Ein Heer wurde verbrecherisch gegen das tägliche Opfer eingesetzt. Das Horn stürzte die Wahrheit zu Boden, und was es unternahm, das gelang ihm.

Der seltsame Ziegenbock, der anfangs nur ein Horn hatte, das wenig später herausgerissen wurde und dem ihm vier weitere Hörner wuchsen, erscheint nun als ein komplett kampftüchtiges Fabelwesen. Aus einem von diesen vier Hörnern wuchs ein weiteres Horn, das zunächst klein war, dann aber stetig größer wurde. Da alle Hörner, auch die des Widders, für Weltreiche stehen, fragt sich jetzt, was das für ein Reich ist, was neu gewachsen ist und es nach dem Ort der Zierde, nämlich Jerusalem, wuchs?

Der biblische Bericht eilt der Krise entgegen. In den

---

[3]vgl. 1.Makkabäer, 1

Versen 9 bis 14 wird beschrieben, wie das Horn weiter wuchs - bis zu den Sternen des Himmels hinauf. Dieses Bild hat Ähnlichkeit mit dem Weltenbaum Nebukadnezzars, der so beschrieben wurde, als wachse er in den Himmel hinein. Beiden Bildern ist Überheblichkeit und frevelhafter Übermut eigen. Dort oben stieß das kleine Horn auf das Heer des Himmels und seinem Gebieter. Es gelang ihm sogar, das tägliche Opfer der Juden im Tempel außer Kraft zu setzen und dabei schändete er noch die heiligen Gegenstände der Juden. Die Zeitbestimmung ist trotz der geheimnisvoll klingenden Umschreibung so klar, dass sie nur der Bestätigung, nicht der Deutung bedarf:

Vers 9-12 spricht von einem Horn, das ist Seleukos I. Nikator. Aus dem Herrscher kam ein weiterer Herrscher hervor. Seine Name ist Antiochos IV. Epiphanes[4].

Es heißt weiter in den Versen 10 - 12, dass das Horn es wagte, gegen Gott und gegen das Sternenheer vorzugehen, es herabzuholen und es zu zertreten. Die Herrschaft Antiochos IV. Epiphanes war eine ausgesprochen frevelhafte. Er setzte das tägliche Opfer der Juden außer Kraft; er soll im Tempel eine Zeusstatue aufgestellt und sogar Schweine geschlachtet haben. Das tat er, um seine Macht zu demonstrieren und die Juden zu brüskieren. So hinderte er die Juden bei der Ausübung ihrer Religion. Bald aber ereilte den Frevler

---

[4]Der Erleuchtete, Regierungszeit 175 - 164 v.Chr.

das göttliche Strafgericht. Doch bevor es dazu kommt, der weitere biblische Bericht:

[13]Da hörte ich einen Heiligen (einen Engel) reden und ein anderer Heiliger fragte den Redenden: Wie lange gilt die Vision vom täglichen Opfer, wie lange bleibt der Gräuel der Verwüstung bestehen und werden das Heiligtum und der Ort der Zierde zertreten? [14]Er sagte zu mir: Zweitausenddreihundert Abende und Morgen wird es dauern; dann erhält das Heiligtum wieder sein Recht.

Die Dauer der Heimsuchung und damit der Zeitpunkt, in dem die Wendung zum Guten eintritt, ist auch hier der wichtigste Punkt, der geklärt werden soll. Den erfährt Daniel aus der Unterhaltung zweier Heiliger, die trotz der Selbständigkeit dieses 8.Kapitels stillschweigend aus Kapitel 7 vorausgesetzt werden (7,22-23).

Im Vers 13 wird die Frage gestellt, wie lange dieses sündhafte Geschehen noch dauern soll und ab wann sie wieder in ihren Tempel entsprechende Kulthandlungen ausführen können. Aus dem Gespräch erfährt Daniel, dass es noch 2300 Abende und Morgen dauern werde, bis das Heiligtum wieder zu seinem Recht kommt.

In Esra 3,3 wird vom Morgen- und Abendbrandopfer gesprochen[5].

---

[5]Esra 3,3: Sie errichteten den Altar an seiner alten Stelle, obwohl die Völker der Nachbarländer sie davon abzuschrecken suchten, und brachten auf ihm dem Herrn Brandopfer dar, je ein Brandopfer am Morgen und am Abend.

Nach dieser Stelle wurde an einem Tag zweimal geopfert. Es geht um 1150 ganze Tage. Nach der besagten Zeit soll die Säuberung des Heiligtums abgeschlossen sein. Die Zahl von 2300 Abende und Morgen drückt also ausgebliebene Opferhandlungen aus. Die eigentlichen 1150 Tage entsprechen etwa 3,5 Jahre und nehmen Bezug zu Kapitel 7,25. Es wurde bereits hervorgehoben, dass dieses 8. Kapitel die praktische Umsetzung des Kapitels 7 ist. Dort wurde von »einer Zeit, zwei Zeiten und einer halben Zeit«gesprochen.

Geschichtliche Ereignisse spielen eine Rolle. Die Herrschaft Antiochos IV. Epiphanes dauerte von 175-164 v.Chr. Das sind nur neun Jahre, aber die Schändung des Tempels in Jerusalem könnte sich dennoch gegen Ende seiner Herrschaft abgespielt haben, eben etwa 3,5 Jahre[6]. So gilt es als wahrscheinlich, dass sich obige Episode während der Zeit der makkabäischen Befreiungskämpfe abgespielt hat. Die gewählte Form dieser Vision würde den König nur indirekt betreffen. Im Übrigen muss es bei 2300 Abende und Morgen bleiben, weil diese Zahlen den religiösen Hintergrund berücksichtigen. Das aufwendig gestaltete Szenarium ist erforderlich, um die angegeben Zahlen als vom höchsten Gott ausgegebenen Beschluss aufzufassen.

Nachfolgende Verse führen die Geschicke des Volkes Gottes fort.

---

[6] Goettsberger schreibt: Die Tempelentweihung habe von Dezember 168 bis Dezember 165 gedauert.

[15]Während ich, Daniel, noch diese Vision hatte und sie zu verstehen suchte, da stand vor mir einer, der aussah wie ein Mann. [16]Und über dem Ulai-Kanal hörte ich eine Menschenstimme, die rief: Gabriel, erkläre ihm die Vision! [17]Da kam er auf mich zu. Als er näher trat, erschrak ich und fiel mit dem Gesicht zu Boden. Er sagte zu mir: Mensch, versteh: Die Vision betrifft die Zeit des Endes. [18]Während er mit mir redete, lag ich ohnmächtig da, mit dem Gesicht am Boden. Da berührte er mich und stellte mich wieder auf die Beine. [19]Dann sagte er: Siehe, ich kündige dir an, was in der letzten Zeit, der Zeit des Zorns, geschehen wird; denn die Vision bezieht sich auf die Zeit des Endes.

Die Verse 15-18 greifen zurück auf die Verse 1-14 dieses Kapitels und unterscheiden davon nur in Details. Der Mann, der noch am Ulaikanal stand, nennt die Person, die aussah wie ein Mann, den so genannte Erzengel Gabriel.

Die folgende Aufstellung führt die Personen auf, die am Gespräch beteiligt sind:

1. Daniel
2. Mann am Ulaikanal
3. Der aussah wie ein Mann; es ist der Erzengel Gabriel

[20]Der Widder mit den zwei Hörnern, den du gesehen hast, bedeutet die Könige von Medien und Persien.
[21] Der Ziegenbock ist der König von Jawan (Griechenland). Das große Horn zwischen seinen Augen ist der erste König.
[22]Das Horn brach ab und vier andere traten an seine Stelle; das bedeutet: Aus seinem Volk entstehen vier Reiche; sie

haben aber nicht die gleiche Kraft wie er. [23]In der letzten Zeit ihrer Herrschaft, wenn die Frevler ihr Maß voll gemacht haben, kommt ein König voll Härte und Verschlagenheit. [24]Er wird mächtig und stark und richtet ungeheures Verderben an; alles, was er unternimmt, gelingt ihm. Mächtige Herrscher wird er vernichten, auch das Volk der Heiligen. [25]Dank seiner Schlauheit gelingt ihm sein Betrug. Er wird überheblich und bringt über viele unversehens Verderben. Selbst gegen den höchsten Gebieter steht er auf; doch ohne Zutun eines Menschen wird er zerschmettert. [26]Die Vision von den Abenden und den Morgen, die dir offenbart wurde, ist wahr; doch du sollst sie geheim halten; denn sie bezieht sich auf eine ferne Zeit.

Es hat einen biblischen Grund, dass Persien als erstes Reich mit dem Widder gleichgesetzt wurde, während Griechenland symbolisch für den Ziegenbock steht. Folgende Bibelstellen erklären den Sachverhalt:

2.Chronik 29,20-24:

[20]Am nächsten Morgen versammelte König Hiskija die führenden Männer der Stadt und ging mit ihnen in das Haus des Herrn hinauf. [21]Man führte sieben Stiere, sieben Widder, sieben Lämmer und sieben Ziegenböcke als Sündopfer für das Königshaus, für das Heiligtum und für Juda herbei und der König befahl den Priestern, den Nachkommen Aarons, sie auf dem Altar des Herrn darzubringen. [22]Man schlachtete die Rinder; die Priester fingen das Blut auf und sprengten es an den Altar. Dann schlachteten sie die Widder und sprengten das Blut an den Altar. Dann schlachteten sie die Lämmer und sprengten das Blut an den Altar. [23]Zuletzt brachte man die Böcke für das Sündopfer vor den König und die Versammlung, damit sie die Hände auf sie legten. [24]Dann schlachteten die Priester die Böcke und sprengten das Blut als Sündopfer

an den Altar, um für ganz Israel Sühne zu erwirken; denn der König hatte das Brandopfer und das Sündopfer für ganz Israel bestimmt.

Weitere Ziegenböcke wurden geopfert:

Esra 6,17:

Bei der Einweihung des Gotteshauses brachten sie als Opfer dar: hundert Stiere, zweihundert Widder und vierhundert Lämmer, dazu als Sündopfer für ganz Israel zwölf Ziegenböcke, entsprechend der Zahl der Stämme Israels.

Die Stellen besagen Folgendes: Der Widder und der Ziegenbock wurden geopfert, ihr Blut aufgefangen und auf das jüdische Heiligtum, den Altar, gesprengt. Die entsprechenden Weltreiche wurden damit symbolisch geschlachtet. Das Heiligtum sollte damit zu seinem Recht kommen. Es bedarf keiner weiteren Worte, dass das kleine Israel militärisch nichts gegen die Weltreiche Persien und Griechenland ausrichten konnte. Daher wurden die Weltreiche mit Tiersymbole dargestellt, die man besiegen konnte. Die Engel und Engelfürsten waren also dazu da, wenigstens so einen Sieg zu verkünden. Außerdem diente der Ziegenbock als ein Sündopfer.

Erwähnenswert ist weiter der Vers 25: »Ohne Zutun eines Menschen«. Er erinnert an das Kapitel 2,45, als sich dort ein Stein - ohne Zutun von Menschenhand - vom Berg löste. Gott ist es selbst, der für sein Volk eintritt.

Der Vers 26, der von einer Geheimhaltung spricht, dürfte kein Geheimnis sein, denn die »Abende« und »Morgen«, wurden bereits mit realen Zahlen belegt; ansonsten muss es bei der bereits ausgesprochen Symbolik der Textstelle bleiben. Dass der König Antiochos IV., der mit den Versen 24 und 25 gemeint ist, aber nicht ausdrücklich mit Namen genannt wird, dürfte einigen Grund gehabt haben. Er könnte mit dem Sicherheitsbedürfnis und persönlichem Wohlergehen der Juden umschrieben sein.

> [27]Darauf war ich, Daniel, erschöpft und lag mehrere Tage krank zu Bett. Dann stand ich auf und versah wieder meinen Dienst beim König. Doch die Vision bedrückte mich und ich verstand sie nicht.

Der letzte Vers lässt das Erdrückende am Geschehen deutlich werden.

8.1. Das griechische Weltreich

Alexander der Große (356–323 v.Chr.), makedonischer König von 336-323 v.Chr., war der Sohn des makedonischen Königs Phillip II. Nach internen Kämpfen und Kriegen gegen die Thraker und Illyrer, in denen er seine Gegner beseitigte, war er bald unumschränkter Herrscher von Makedonien und später von ganz Griechenland. Auf seinen Kriegszügen - zunächst über die Dardanellen nach Kleinasien, dann durch Phrygien, wo er den berühmten Gordischen Knoten[7] mit dem Schwert durchtrennt haben soll - kam er mit 35.000 Mann dahergezogen, um Krieg gegen Persien zu führen. Er verstand diesen Krieg als Rachefeldzug.

Im November 333 v.Chr. schlug er den persischen Großkönig Dareios III. bei Issos. Daher sagt man bis zum heutigen Tag: 333 – Issos-Keilerei. Anschließend wurde Syrien besetzt. Nach siebenmonatiger Belagerung, im Jahre 332 v.Chr. eroberte er die Seefestung Tyros. Gaza fiel kurze Zeit später. Ägypten war bereits geschwächt und fiel ihm kampflos zu. Dort, in Memphis, setze er sich die Pharaonenkrone auf. Im Jahr 331 v.Chr. konnte Alexander bei Gaugamela Dareios III. entscheidend besiegen. Daraufhin wurde er zum König von Asien proklamiert. Das Gemälde versinnbildlicht die Schlacht, in der es einmal mehr um die Welt ging.

Bei diesen großartigen Siegen gegen die damaligen politischen Mächte standen Alexander dem Großen wichtige Feldherren zur Seite, die er später entsprechend belohnte.

In einer Liste zusammengefasst, ergibt sich dabei folgendes Bild:

1. Der thrakische Feldherr Lysimachos erhielt Thrakien.
2. Der griechische Feldherr Antipater[8] erhielt Makedoni-

---

[7]Gebunden von Gordios, dem König von Phrygien; der Knoten galt als unentwirrbar; Alexander hieb diesen Knoten mit dem Schwert durch.

[8]Ebenbild des Vaters

en, das später auf seinen Sohn Kassander überging.

3. Der makedonische Feldherr Antigonos, der spätere Antigonos I. Monophtalmos, erhielt Lykien, Pamphylien und Phrygien.

4. Der makedonisch-griechische Feldherr Ptolemäus, der spätere Ptolemäus I. Soter, erhielt Ägypten (sein Vater Ptolemäus Lagi stammte aus makedonischem Adelsgeschlecht).

5. Der makedonische Feldherr, der spätere Seleukos I. Nikator, erhielt später Babylonien und Palästina.

Das Reich Alexanders wurde nach seinem Tode unter diesen Feldherren, den so genannten Diadochen, d.h. Nachfolgern, aufgeteilt. Später bekriegten sich seine Nachfolger und brachten sich gegenseitig um, wie sich das zu gehören scheint. Das ist auch heute noch nachweisbar, wenn wir uns Staaten in Afrika oder Südamerika betrachten.

Die folgenden Ausführungen sollen die Nachfolger des Alexanderreiches, zunächst Seleukos I. Nikator (der Sieger) dann endlich Antiochos IV. Epiphanes (der Hervorleuchtende) betrachten. Letzterer spielt eine große Rolle im Buch Daniel. Die makkabäischen Freiheitskämpfer wollten diesen Herrscher beseitigen, er zeigte sich bald als großer Schänder des Tempels in Jerusalem.

Die Seleukiden waren eine aus dem makedonischen Adel entstammende Familie des hellenistischen Herrscherhauses. Sie schufen ein Feudalsystem vom 4.

bis zum 1.Jahrhundert. Das Seleukidenreich entstand durch Aufteilung des Alexanderreiches. Der Diadoche, namentlich Seleukos, der spätere I. Nikator lebte von 358–281 v.Chr. Seine Regierungszeit dauerte von 305–281 v.Chr. Er bekam als Satrap (Provinzstatthalter) Babylonien zugeteilt. Zwischen 312 und 301 v.Chr. unterwarf er den gesamten Staat, den heutigen Iran. Dort ließ er sich zum König ausrufen.

Nach der Herrschaft Antiochos I. Soter folgte sein Sohn, Antiochos II. Theos (d.h. Gott; um 287-246). Sein Sohn, Seleukos II. Kallinkos (ruhmreicher Sieger, geb. um 265 gest. 225 v.Chr.) bestieg danach den Thron. Dann kam Seleukos III. Soter (226–223). Daraufhin folgte Antiochos III., auch der Große genannt (Regierungszeit 223–187), der die ehemaligen Reichsgrenzen seines Urgroßvaters wieder herstellen konnte. Er musste aber gegen die Römer eine Niederlage einstecken und so Kleinasien abgeben. Die zukünftige Weltmacht, das römische Reich, war nicht mehr aufzuhalten. Der letzte, bedeutende, seleukidische König war dieser Antiochos IV. Epiphanes (Regierungszeit 175-164 v.Chr.). Er war Gefangener in Rom (Geisel zwischen 190 und 176 v.Chr.) und kam durch Tausch gegen seinen Neffen Demetrios I. (Sohn seines Bruders; Seleukos IV.) frei. Epiphanes verhielt sich schroff gegen die Juden und verbot 167 v.Chr. den Jahwe-Kult. Hass, Streit und Krieg waren die Folge.

Er unternahm weitere Feldzüge, die über Kanda-
har, dem heutigen Afghanistan, bis hin zum indischen
Becken und in die Gegenden Belutschistans[9] führten.
Dort traf er mit dem indischen König Tschandragupta
zusammen, mit dem er Frieden schloss. Seleukos I.
Nikator bekam als »Dank« 500 Kampfelefanten. Schleu-
nigst kehrte er zurück und zog mit diesen Tieren gegen
Antigonos I. Monophtalmos (der Einäugige), auch ein
Diadoche, der inzwischen Syrien und die Gegenden
Palästinas erobert hatte. Es kam zum Krieg. Seleukos
gewann und übernahm Syrien, Palästina und das so
genannte Kiolesyrien (Raum Libanon–Damaskus). Von
da aus drangen die Seleukiden bis nach Israel vor.

Zwischen Eroberungen und Frieden heiratete Seleukos I. Nikator, der auch als guter Verwalter galt, die
baktrische Prinzessin Apama[Wie05] heiratete. Baktri-
en ist ein Teil des heutigen Afghanistans. Damit trug er
zur Harmonie zwischen Einheimischen und Besatzern
bei. Mit ihr hatte er einen Sohn, den er Antiochos
nannte, den späteren Antiochos I. Soter (Retter) (um
324–261). Seit 293 v.Chr. war er Mitregent. Nikator
gründete einige Städte, wie z.B. Seleukia am Tigris
und Antiochia (heute Antakya), eine Stadt, die in der
Bibel mehrmals vorkommt. Einige Stellen in den Mak-
kabäerbriefen erwähnen ebenfalls die Stadt. Eine Stelle
in der Apostelgeschichte weist auf die erste christliche

---

[9]Belutschistan liegt im Grenzgebiet der heutigen Staaten Iran,
Pakistan und Afghanistan.

Gemeinde hin, die in Antiochia entstanden ist.

In dem Tonzylinder von Borsippa[10] (steht in Auszügen) folgender Text:

»Ich bin Antiochos, der Großkönig, der legitime König, der König der Welt, König von Babylon, König aller Länder, Wächter der Tempel Esagila und Esida, der erstgeborene Sohn von König Seleukos, dem Makedonen, König von Babylon... Wenn du, Prinz Nebo, geboren in Esagila, Erstgeborener des Marduk, Kind der Königin Arua, in Freuden und Jauchzen Einzug hältst in Ezida, dem allein wahren Tempel, dem Tempel der deine Position, dem Sitz der Herzensfreude[11], mögen deine Tage auf Erden lang sein.«

Es ist bekannt, dass alle Könige, nicht nur Nabopolassar oder Nebukadnezar und Xerxes, sondern auch griechische Könige, sich als Vertreter Gottes auf Erden sahen. Auch in Japan hat der Tenno den Rang eines Gottes inne. Preußische Könige sahen sich von »Gottes Gnaden« eingesetzt. So könnte man weitere Beispiele nennen.

---

[10]Altbabylonische Stadt, 15 km südlich von Babylon, Kultort des Götzen Nabu mit seinem Heiligtum Esida.

[11]Babylon wird von den Semiten als Stadt der Herzensfreude bezeichnet. Die Bibel verbindet mit dem Wort Babel zunächst ›Verwirrung‹(1.Mose 11,9), weil dort der Herr die Sprache der Völker verwirrte; dann bedeutet Babylon auch ‹Große Hure› (Offb 17,1).

KAPITEL 9

SIEBZIG SIEBENHEITEN

War in Kapitel 8 noch eine Unklarheit zurückgeblieben, so sollte eine neue Offenbarung, die der stilistischen Fassung nach selbständig ist, die Erfüllung bringen. Es würde der Intention des biblischen Berichtes entgegenlaufen, von realen Zahlen zu sprechen anstatt von symbolischen.

> ²Im ersten Jahr, nachdem Darius, der Sohn des Xerxes, aus dem Stamm der Meder, König über das Reich der Chaldäer geworden war, ² in diesem ersten Jahr seiner Herrschaft suchte ich, Daniel, in den Schriften die Zahl der Jahre zu ergründen, die Jerusalem nach dem Wort des Herrn an den Propheten Jeremia verwüstet sein sollte; es waren siebzig Jahre.

Der Vers 1 setzt den König Darius an die falsche Stelle. Wie aus dem Anfang des Kapitels gleichzeitig hervorgeht, war der Prophet beunruhigt über die anhaltende Herrschaft fremder und heidnischer Völker über ihr eigenes Land. Aus diesem Grund suchte er im Wort Gottes Antwort darauf zu finden, wann die Fremdherrschaft zu Ende gehe. Daniel führt den Propheten Jeremia an:

Jeremia 25,11:
»Dieses ganze Land wird zum Trümmerfeld und zu einem Bild des Entsetzens und diese Völker werden dem König von Babel siebzig Jahre lang dienen.«

Jeremia 29,10:
»Wenn siebzig Jahre für Babel vorüber sind, dann werde ich nach euch sehen, mein Heilswort an euch erfüllen und euch an diesen Ort zurückbringen.«

Die siebzig Jahre waren nach Esra 1, 1-4 um 538 v.Chr. vorüber. Hier heißt es: »Im ersten Jahr des Königs Kyrus[1] sollte sich erfüllen, was der Herr durch Jeremia gesprochen hatte.«

Offenbar waren nach diesen Berechnungen die siebzig Jahre noch nicht verflossen, jedenfalls brachte der Umsturz des chaldäischen Reiches durch die Perser einen so tiefgreifenden politischen Umschwung, dass unwillkürlich Hoffnungen auflebten: Das Ende der Exils sei gekommen.

Da musste die letzte Weissagung mit ihrer zeitlichen Unbestimmtheit, insbesondere die makedonische Epoche, doppelt drückend auf den Propheten lasten. Ein Gebet, wie wir es oft im AT finden, soll Licht ins Dunkel bringen.

---

[1]Herrschaft von 559-529 v.Chr.

> [3]Ich richtete mein Gesicht zu Gott, dem Herrn, um ihn mit
> Gebet und Flehen, bei Fasten in Sack und Asche, zu bitten.
> [4]Ich betete zum Herrn, meinem Gott, legte ein Bekenntnis
> ab und sagte: Herr, du großer und Furcht erregender Gott,
> du bewahrst denen, die dich lieben und deine Gebote halten,
> deinen Bund und deine Gnade.

Die Einleitung des Gebets, die mit den Versen 3-4 beginnt,
wird mit ähnlichen Worten durch die Verse 20-21 abgeschlossen. »Während ich noch redete und betete...« Dazwischen
eingeschachtelt ist dieses lange Gebet. Der Bitte um Auf-
schluss geht ein Sündenbekenntnis im Namen des Volkes
voraus, wobei Vorsteher, Könige und Väter (nicht Vorfahren)
explizit genannt werden. Der Prophet bekennt deutlich die
Schuld des Volkes, ihren Ungehorsam, ihre Sünden, ihre
Gesetzlosigkeit und ihren Treuebruch; das soll zu ihrer der-
zeitigen verzweifelten Lage beigetragen haben. Sie konnten
lediglich auf das Erbarmen ihres Gottes hoffen. Vielleicht
deckt er ihre Sünden zu, und vielleicht wendet er ihnen
wieder zu. Bei allem Klagen und Weinen der Seele ist Gott
kein Vorwurf zu machen. Das Gebet:

> [5]Wir haben gesündigt und Unrecht getan, wir sind treulos
> gewesen und haben uns gegen dich empört; von deinen
> Geboten und Gesetzen sind wir abgewichen. [6]Wir haben
> nicht auf deine Diener, die Propheten, gehört, die in deinem
> Namen zu unseren Königen und Vorstehern, zu unseren
> Vätern und zu allen Bürgern des Landes geredet haben. [7]Du,
> Herr, bist im Recht; uns aber steht bis heute die Schamröte im
> Gesicht, den Leuten von Juda, den Einwohnern Jerusalems
> und allen Israeliten, seien sie nah oder fern in all den Ländern,
> wohin du sie verstoßen hast; denn sie haben dir die Treue

gebrochen. [8]Ja, Herr, uns steht die Schamröte im Gesicht, unseren Königen, Oberen und Vätern; denn wir haben uns gegen dich versündigt. [9]Aber der Herr, unser Gott, schenkt Erbarmen und Vergebung. Ja, wir haben uns gegen ihn empört. [10]Wir haben nicht auf die Stimme des Herrn, unseres Gottes, gehört und seine Befehle nicht befolgt, die er uns durch seine Diener, die Propheten, gegeben hat. [11]Ganz Israel hat dein Gesetz übertreten, ist davon abgewichen und hat nicht auf deine Stimme gehört. Darum kamen der Fluch und die Verwünschung über uns, die im Gesetz des Mose, des Dieners Gottes, geschrieben stehen; denn wir haben uns gegen Gott versündigt.

Die folgende Bibelstelle nimmt Stellung zum Begriff Schuld:

Jesaja 40,1-2:

Tröstet, tröstet mein Volk, spricht euer Gott. Redet Jerusalem zu Herzen und verkündet der Stadt, dass ihr Frondienst zu Ende geht, dass ihre Schuld beglichen ist; denn sie hat die volle Strafe erlitten von der Hand des Herrn für all ihre Sünden[2].

[12]Gott machte seine Drohung wahr, die er gegen uns und unsere Richter, die uns regierten, ausgesprochen hatte: Er werde so schweres Unheil über uns bringen, dass unter dem ganzen Himmel nie solche Dinge geschehen sein werden wie in Jerusalem. [13]Wie es im Gesetz des Mose geschrieben steht, ist all dieses Unheil über uns gekommen. Und doch haben wir den Herrn, unseren Gott, nicht begütigt, haben

[2]Jer 16,18 Wörtlich: »sie hat Zweifaches empfangen«. Das Strafrecht des AT fordert in bestimmten Fällen doppelte Wiedergutmachung (vgl. Ex 22,3,6,8)

uns nicht von unserem bösen Tun abgewandt und nicht auf deine Wahrheit geachtet. [14]Der Herr aber war wach und ließ dieses Unheil über uns kommen. Denn der Herr, unser Gott, ist gerecht in allem, was er tut. Wir aber hörten nicht auf seine Stimme. [15]Jetzt aber, Herr, unser Gott, der du dein Volk mit starker Hand aus Ägypten geführt und dir damit einen Namen gemacht hast bis auf den heutigen Tag! Wir haben gesündigt; wir haben gefrevelt. [16]Herr, wende jetzt deinen grimmigen Zorn von deiner Stadt Jerusalem und von deinem heiligen Berg ab, wie es deinen früheren hilfreichen Taten entspricht. Wegen unserer Sünden und der bösen Taten unserer Väter sind Jerusalem und dein Volk zum Gespött für alle geworden, die rings um uns wohnen. [17]Darum höre jetzt, unser Gott, das Gebet und Flehen deines Knechtes: Herr, lass auch um deiner selbst willen dein Angesicht über deinem Heiligtum leuchten, das verwüstet daliegt. [18]Mein Gott, neig mir dein Ohr zu und höre mich; öffne deine Augen und sieh auf die Trümmer, auf unsere Stadt, über der dein Name ausgerufen ist. Nicht im Vertrauen auf unsere guten Taten legen wir dir unsere Bitten vor, sondern im Vertrauen auf dein großes Erbarmen. [19]Herr, erhöre! Herr, verzeih! Herr, vernimm das Gebet und handle! Mein Gott, auch um deiner selbst willen zögere nicht! Dein Name ist doch über deiner Stadt und deinem Volk ausgerufen.

Das Gebet passt inhaltlich im Allgemeinen zur Lage, in der sich der Prophet befindet. Er bittet um baldige Befreiung aus der Gefangenschaft, die nach den Weissagungen, die er bisher empfangen hat, noch lange andauern soll. Da das Gebet den Weissagungen über die siebzig Siebenheiten vorausgeht, ist nicht ausgeschlossen, dass es wegen dieser Fülle nachträglich eingeschoben wurde, um so eine günstige Lage für die folgenden, geheimnisvollen Prophezeiungen zu schaffen.

9.1. Weissagung der siebzig Siebenheiten

[20]Während ich noch redete und betete, meine Sünden und die Sünden meines Volkes Israel bekannte und meine Bitte für den heiligen Berg meines Gottes vor den Herrn, meinen Gott, brachte, [21]während ich also noch mein Gebet sprach, da kam im Flug der Mann Gabriel, den ich früher in der Vision gesehen hatte; er kam um die Zeit des Abendopfers zu mir, [22]redete mit mir und sagte: Daniel, ich bin gesandt worden, um dir klare Einsicht zu geben. [23]Schon zu Beginn deines Gebets erging ein Gotteswort und ich bin gekommen, um es dir zu verkünden; denn du bist (von Gott) geliebt. Achte also auf das Wort und begreife die Vision! [24]Siebzig Wochen sind für dein Volk und deine heilige Stadt bestimmt, bis der Frevel beendet ist, bis die Sünde versiegelt und die Schuld gesühnt ist, bis ewige Gerechtigkeit gebracht wird, bis Visionen und Weissagungen besiegelt werden und ein Hochheiliges gesalbt wird. [25]Nun begreif und versteh: Von der Verkündigung des Wortes über die Rückführung des Volkes und den Wiederaufbau Jerusalems bis zur Ankunft eines Gesalbten, eines Fürsten, sind es sieben Wochen; und zweiundsechzig Wochen lang baut man die Stadt wieder auf mit ihren Plätzen und Gräben, obwohl es eine bedrängte Zeit sein wird. [26]Nach den zweiundsechzig Wochen wird ein Gesalbter umgebracht, aber ohne (Richterspruch). Das Volk eines Fürsten, der kommen wird, bringt Verderben über die Stadt und das Heiligtum. Er findet sein Ende in der Flut; bis zum Ende werden Krieg und Verwüstung herrschen, wie es längst beschlossen ist. [27]Vielen macht er den Bund

schwer, eine Woche lang. In der Mitte dieser Woche setzt er den Schlachtopfern und Speiseopfern ein Ende. Oben auf dem Heiligtum wird ein unheilvoller Gräuel stehen, bis das Verderben, das beschlossen ist, über den Verwüster kommt.

Der Engel Gabriel, den der Verfasser »am Anfang« schon gesehen hat, ist der zweite Wortführer ab Kapitel 8,15 ff. Dadurch ist Kapitel 8 mit Kapitel 9 verbunden. Die Anführung des Engels Gabriel dürfte einen besonderen Grund gehabt haben. Während Jeremia von siebzig Jahren sprach, spricht der Erzengel von siebzig Siebenheiten. Warum diese Erweiterung?

Die siebzig Jahrwochen heißen im Hebräischen »schabua«, was so viel bedeutet wie Siebenheiten. Demgemäß müsste die Kapitelüberschrift lauten: »Daniels Bußgebet und die Siebzig Siebenheiten«.

Diese Personen stehen im Vordergrund:

- Während des Gebetes kommt der Mann Gabriel im Flug daher (Vers 21).

- Dieser Mann Gabriel (Kap. 8,16) spricht nicht aus sich selbst; er wird zum Sprechen gesandt (Vers 22).

- Gabriel verkündet den Schriftdeutern die Vision von den Siebzig Siebenheiten.

Siebzig (Jahr)-Wochen sind für das Judenvolk und Jerusalem bestimmt, bis der Frevel (Entwertung heiliger Symbole) beendet ist. Die eingangs dieses Kapitels erwähnten siebzig Jahre, die auf den Propheten Jeremia zurückgreifen, werden um den Faktor Sieben zusätzlich erweitert. Das geschah aus geschichtlicher Notwendigkeit.

Zwei Weltreiche sind zu berücksichtigen: Das persische Reich und das makedonische Reich. Für das persische Reich galten die 70 Jahre, die auf die Verse im Jeremia-Buch basieren. Da die Fremdherrschaft weiter andauerte, namentlich die seleukidische Herrschaft, reichten die siebzig Jahre nicht mehr aus. Also mussten die Siebzig Jahre um Sieben erweitert werden. Man erwähnte wieder die Zahl sieben. Da der Tempel entweiht wurde – es konnte nicht mehr geopfert werden – das lange Bußgebet ist ein Beispiel dafür. Daher wurden die siebzig Jahre um den Faktor sieben erweitert. Oder anders gesagt: Die 70 Jahre wurden um sieben Schritte oder Jahre ergänzt. Die Erweiterung des symbolischen Zahlenwertes, Siebenheiten, ist nicht gleichzusetzen mit 490 Jahren, die die Multiplikation ja ergeben würden. Würde das gemacht werden, wäre die Dauer des neubabylonischen Reiches nicht siebzig Jahre, sondern nur 49 Jahre (7 mal 7 Jahre). Es muss aber bei 70 Jahren bleiben, weil nur so die geschichtlichen Ereignisse zum Ausdruck kommen. Ein weiteres Beispiel dafür – diesmal aus dem NT:

Mt 18,22 (Luthertext):

Da trat Petrus zu ihm und fragte: Herr, wie oft muss ich denn meinem Bruder, der an mir sündigt, vergeben? Genügt es siebenmal? Jesus sprach zu ihm: Ich sage dir: nicht siebenmal, sondern siebzigmal siebenmal.

Man soll seinem Bruder nicht 490-mal vergeben, sondern unendlich viele Male. Bei Zahlenspielen solcher Art sollte man sich nicht auf eine konkrete Zahl festlegen, sondern die symbolische Bezifferung ins Auge nehmen. Im Übrigen hat Jesus keine konkreten Zahlen genannt.

Die eigentliche Bedeutung der »Versiebenfachung« greift zurück auf Gottes Wort. Besonders zu nennen wäre die Stelle in 3.Mose 26,18,21,24,28. Hier wird von der siebenfachen Schuld und der siebenfachen Sünde gesprochen. Sie liefern den entsprechenden biblischen Hintergrund für die Verwendung solcher gleichnishaften Zahlenwerte.

Die zeitliche Aufteilung in siebzig Siebenheiten geschieht nicht symmetrisch, sondern asymmetrisch (V 25).

1. **sieben Siebenheiten** sind es von der Verkündigung des Wortes, der Rückführung des Volkes und den Wiederaufbau Jerusalems bis zur Ankunft eines Gesalbten, eines Fürsten.

2. **in zweiundsechzig Siebenheiten** wird die Stadt (Jerusalem) wieder aufgebaut mit ihren Plätzen und Gräben, trotz aller Bedrängnisse durch äußere Feinde.

3. **in einer Siebenheit** wird ein Gesalbter umgebracht (ohne Richterspruch). Ein Volk, das mitsamt seinen Fürsten Verderben über Stadt und Heiligtum bringt, findet sein Ende in der Flut; bis zum Ende (der siebzig Siebenheiten) werden Krieg und Verwüstung herrschen; der Bund (mit Gott) wird erschwert. In der Mitte der letzten Siebenheit werden Schlachtopfer und Speiseopfer abgesetzt, aber oben auf dem Heiligtum wird ein unheilvoller Gräuel stehen; Antiochus IV. Epiphanes hat einen Zeus-Altar aufgestellt und dort Schweine geschlachtet.

1. Posten	7 Siebenheiten
2. Posten	62 Siebenheiten
3. Posten	1 Siebenheit
Summe	70 Siebenheiten

1. **sieben Siebenheiten** (Vers 25a): Das Wort Jeremias steht hier im Vordergrund. Es bezieht sich auch auf den Beginn der Rückführung. Derjenige, der sie veranlasst hat, ist der Gesalbte, ein Fürst; in diesem Fall ist es Kyrus, der als der Gesalbte des Herrn gilt.

Dies hat dann seine Richtigkeit, wenn man von der Entwurzelung des jüdischen Volkes heranzieht, die die babylonische Gefangenschaft bedeutete. Der Befreier bekam den Titel "gesalbter Fürst" zugesprochen.

Jesaja 45,1:
»So spricht der Herr zu Kyrus, seinem Gesalbten, den er an der rechten Hand gefasst hat, um ihm die Völker zu unterwerfen, um die Könige zu entwaffnen, um ihm die Türen zu öffnen und kein Tor verschlossen zu halten...«

2. **zweiundsechzig Siebenheiten** (Vers 25b): Die Stadt Jerusalem wird in dieser Zeit wieder aufgebaut. Eine ruhige Zeit, in der Plätze, Sicherungsgräben und Mauern wieder hergerichtet werden, auch wenn es Störungen während der Bauzeit gibt. Eindrucksvoll schildert Nehemia in 3,33 ff. den Bau der Befestigungsmauer, der fast zu seinem Ermordungsversuch führte. Es ist die Zeit zwischen dem Perserreich und dem Alexanderreich. Eine Zeit der Ruhe, in der Opfer wieder eingeführt wurden. Der Tempel kommt zu seinem

Recht.

3. eine Siebenheit (Vers 26): Nach den zweiundsechzig Siebenheiten, also in dieser letzten Siebenheit, wird ein Gesalbter umgebracht - dies ohne Richterspruch. Dieser Gesalbte unterscheidet sich von dem aus den ersten »sieben Siebenheiten« dadurch, dass eine andere »Siebenheit« genannt ist und weiter dadurch, dass der Zusatz »ein Fürst« fehlt. Hiermit ist der Hohepriester Onias gemeint. Der Hohepriester hat Zugang zum Allerheiligsten, in dem er für seine eigenen Sünden und für die des Volkes Sühnung erwirkt.

3.a Diese letzte Siebenheit, der letzte Schritt, ist aber zweigeteilt.

Im obigen Vers wird der Gesalbte, der ohne Richterspruch umgebracht wird, von den meisten Auslegern der Hohepriester Onias. Der Hohepriester ist der einzige Mensch, der das Allerheiligste betreten darf und deshalb der Gesalbte ist. Onias lebt zur Zeit der griechischen Herrschaft, deren Ereignisse in den zwei Büchern der Makkabäer beschrieben sind. Hier nur kurze Auszüge:

1.Makk 1,10:

»Aus ihnen ging ein besonders gottloser Spross hervor, Antiochus Epiphanes, der Sohn des Königs Antiochus. Er war als Geisel in Rom gewesen und trat im Jahr 137 der griechischen Herrschaft die Regierung ^{3}.«

---

^{3}Die griechische (seleukidische) Zeitrechnung beginnt mit dem Jahr 312 v.Chr. Das 137. Jahr ist also 175 v. Chr.

Die Einführung heidnischer Sitten in Jerusalem:

2.Makk 4,7.33:

»Seleukus starb und Antiochus mit dem Beinamen Epiphanes übernahm die Herrschaft. Da erschlich sich Jason, der Bruder des Onias, das Hohepriesteramt.«

2.Makk 4,7.34:

»Menelaus ging deswegen zu Andronikus, sprach mit ihm unter vier Augen und redete ihm zu, Onias aus dem Weg zu schaffen. Andronikus suchte Onias auf. Da er sich zur Hinterlist hatte verleiten lassen, erhob er die rechte Hand zum Schwur, reichte sie dann Onias und überredete ihn, trotz seines Argwohns den Ort zu verlassen. Dann ließ ihn Andronikus, ohne das Recht zu scheuen, auf der Stelle umbringen.«

Dann feierte Jason mit den fremden Besatzern eine so genannte Schakal-Hochzeit.[4]

[27]»Vielen macht er den Bund schwer, eine Woche lang. In der Mitte dieser Woche setzt er den Schlachtopfern und Speiseopfern ein Ende. Oben auf dem Heiligtum wird ein unheilvoller Gräuel stehen, bis das Verderben, das beschlossen ist, über den Verwüster kommt.«

Der Vers 27, der die letzte Siebenheit symmetrisch in zwei gleiche Teile halbiert, in der Mitte dieser Woche, wird der Blick über die Zeit Daniels und seine Schreiber hinaus geführt.

---

[4]Wenn Schakale sich paaren, d.h. Hochzeit feiern, ist lautes Geschrei und übler Gestank hör- und riechbar. »Schakal-Hochzeit« in diesem mesopotamischen Sinn ist eine Feier, die öffentliches Ärgernis erregt. Wird als Verrat am eigenen Volk verstanden.

Man ist gerade versucht, diese letzte Siebenheit zweimal in die bereits bekannten Teile: »eine Zeit, zwei Zeiten und eine halbe Zeit« zu zerlegen. Der Erzengel Gabriel, der vom Himmel herabflog, wollte den Blick des Volkes Gottes über das irdische Zeitalter hinaus weiten. Von 800 v.Chr. bis heute ist das Volk der Juden das am meisten verfolgte Volk der Weltgeschichte. Allerdings auch, was ihre eigenen Widersprüche angeht. Der Engel Gabriel, der für sein Volk eintritt, mochte die Summe und die Tendenz der Summen gesehen und das Ergebnis vorweggenommen haben. Der eine Teil der Siebenheit, der von der Beseitigung eines Gesalbten spricht, wird auf das messianische Zeitalter bezogen. Die Aussage, »ohne Richterspruch«, kann man auf Jesus beziehen. Der andere Teil der Siebenheit reicht naturgemäß darüber hinaus und möchte ein anderes Tor aufschließen. Die drei Zeiten: »eine Zeit, zwei Zeiten und eine halbe Zeit« sind nur halbwertig. Also nur von kurzer Dauer. Erst die Summe von allen ergibt eine Siebenheit und will damit göttliche Vollkommenheit ausdrücken. Damit wäre der gedachte Kreis zwischen zwischen Himmel und Erde geschlossen. Die hohen jüdischen Autoritäten wollten für ihrem Gott Siege verkünden.

So kann man die Angelegenheit verstehen. Die Fremdherrschaft dauerte nach Abschluss des Buchs Daniel noch an, so dass ein Ende nicht abzusehen ist. Dieser Gedanke ergibt sich aus dem, was manche Propheten sagen. Sie reden so, als möchten sie für sich Ewigkeitscharakter haben. Die alttestamentlichen Propheten hatten die Herrschaft ihres Messias im Sinn. Jesus steht außen vor. Es sei denn, das Buch Daniel wurde erst zu Zeiten Jesu fertig gestellt. Das ist nicht ausgeschlossen. Das andere Tor öffnet zum Römischen

Weltreich.

Berechnungen der Endzeit:

Man kann nicht annehmen, dass Propheten auf genau 490 Jahre ihr Gewicht gelegt hätten, die sich rein rechnerisch ergeben hätten. Eine solche Berechnung würde unseren Blick nur auf das Irdische begrenzen und jede religiöse Bedeutung, die sich hinter diesen Zahlen verbirgt, nicht offenlegen. Dabei wird unser Blick nicht auf Gott gerichtet, sondern nur auf Zahlen. Kein Mensch setzt sein inneres Hoffen und Sehnen auf Zahlen, die eine weite, im symbolischen Sinn offene Landschaft bildet. Außerdem sind die 490 Jahre längst abgelaufen. Sie beziehen sich auf die damalige Zeit. Dennoch gibt es Menschen, die mit 490 Jahre so umgehen, als seien sie noch nicht abgelaufen. Schließlich möchte man mit diesen Zahlen den Weltuntergang berechnen. Möglicherweise wollte der Jude das Kommen ihres Messias aus ihrer Schrift (AT) deuten. Bei alledem bleibt letztlich eine Unbestimmtheit.

Drei Stellen seien angeführt, die Berechnungen enthalten. Die Aufstellung beansprucht keine Vollständigkeit:

1. der Begründer der Adventisten, der baptistische Prediger William Miller aus den USA (1782-1849), errechnete das Jahr 32 n.Chr. als das Jahr des Wiederaufbaus von Jerusalem. Vom Jahr 457 v.Chr. ausgehend beziffern die »Siebzig Siebenheiten« also einen Zeitraum von 490 Jahren. Dann aber rechnete er 2300 Jahre, anstatt halbe Tage (Dan 8,14), hinzu und kam damit auf das Jahr 1844 als die Wiederkunft des Christus. Dass das nicht eingetroffen ist, bedarf keiner weiteren Worte.

William Miller ist gestorben und die Welt existiert weiter.

2. andere rechnen von der Balfour-Erklärung an, die 1916 auf den Weg gebracht wurde. 490 Jahre dazu addiert, ergibt die Jahreszahl 2400 n.chr. Mit dieser Jahreszahl wäre dann das Ende der Welt erreicht.

3. die »Zeugen Jehovas« errechneten ihre eigene Endzeit. Sie gingen zur errechneten Zeit auf hohe Berge, in der Meinung, Jesus kommt bald. Ob man so dem Herrn näher erwarten könnte, steht dahin. Das Ende kam freilich nicht. Sie mussten beschämt wieder ins Tal der Sünde zurückkehren.

4. der Stammapostel der Neuapostolischen Kirche (NAK), Gottfried Bischoff[Ide06], verkündete, dass Jesus zu seinen Lebzeiten (1951) wiederkommen würde. Aber als er 1960 starb, hat sich nichts getan.

5. Meine Berechnung: Gott ist ohne Anfang und ohne Ende. Daher hat die Welt weder einen Anfang noch ein Ende.

Deutungen und Prophetien beziehen sich immer auf die Zukunft und dienen dazu, diese mit heutigen Zahlen zu berechnen. Viele amerikanische, theologische Autoren sind für solche endzeitliche Berechnungen bekannt. Als ein typischer Vertreter wäre Hal Lindsay zu nennen. Seine Bücher über das Weltende waren vor Jahrzehnten Weltbestseller. Bei ihm war das Böse stets der sowjetische Kommunismus, der im Begriff stand, die Weltherrschaft zu anzutreten. Niemals aber nennt er US-Verbrechen (Atombombe auf Hiroschima.

Das Wort »Zukunft« ist kein Gebiet, das sich ausmessen lässt. Zukunft ist ein unbekanntes Terrain und kann von nicht im Voraus berechnet werden. Als Zukunft wird das bezeichnet, was Morgen oder in Jahren einzutreffen pflegt. Damit lässt sich mit willkürlich aus der Bibel entnommenen Zahlen weder zur Berechnung, noch über das Alter der Erde, noch über sein Ende der Zeit beechnet werden. Das Wort »Prophet« kommt in der Bibel gut 200-mal vor. Das Wort »Prophetie« kommt überhaupt nicht vor. Es gibt nur eine Stelle, die ein ähnliches Wort, nämlich Prophezeiung.

Nehemia 6,12:
»Ich erkannte deutlich, dass nicht Gott ihn geschickt hatte; er hatte vielmehr diese Prophezeiung über mich nur gesprochen, weil Tobija und Sanballat ihn gedungen hatten.«

Weiter wird gesagt, dass sich die »Siebzig Siebenheiten« auf das Wiederkommen von Jesus Christus bezögen. Das ist aus drei Gründen unmöglich:

1. Der Ausgang des Wortes von den siebzig Jahren (Vers 2) geht auf Jeremia zurück. Hier beginnen die siebzig Jahre. Das ist eine Zeit zwischen 605 und 537 v.Chr. (rund 70 Jahre).

2. Die Juden haben selbst keine Berechnungen angestellt, obwohl sie mit Zahlen umzugehen pflegten. Denn wenn sie es getan hätten, wären sie die ersten gewesen, die das Kommen des Messias errechnet hätten.

3. Selbst als Jesus auf der Erde weilte, haben die Juden ihn weder als Messias noch als König akzeptiert. Ein

Mensch, der auf einem Jungtier eines Esels ritt und dabei womöglich seine langen Beine auf dem Erdboden schleifen ließ, konnte weder das eine noch das andere sein. Selbst das Wort »Heiland« wollte ihnen nicht über die Lippen kommen. Man hatte eher an einen resoluten Volksführer gedacht, der es militärisch mit den Makedonen und Römern aufnehmen und sie so befreien konnte.

Zusatz: Im AT, Levitikus 25,8, wird von siebenmal sieben Jahre gesprochen: »Du sollst sieben Jahreswochen, siebenmal sieben Jahre abzählen.«

Nach welcher Seite man die Dinge auch dreht und wendet, es bleibt bei der Aussage des Propheten Jeremia. Diese siebzig Jahre wurden auf Siebenheiten erweitert. Die bereits erwähnte Strafzeit, die babylonische, reichte nicht aus, um die griechische (makedonische) Zeit zu umfassen. Deshalb war die Erweiterung nötig, um auf Siebzig Siebenheiten zu kommen. Das Buch Daniel, das während und nach der Makkabäerzeit zusammengefasst wurde, bezieht sich auf diese Freiheitskämpfe. Die Makkabäer wollten das makedonische Joch abwerfen. Die Nennung und Erweiterung der besagten 70 Jahre bezieht sich auf die Aussage des Erzengels Gabriel siehe Kap. 10,25 ff..

Zum Abschluss des Kapitels eine weitere biblische Berechnung.

Hesekiel (Ezechiel) 4,4-8:

Die Dauer der Verbannung:

Du, leg dich auf deine linke Seite! Dann lege ich die

Schuld des Hauses Israel auf dich. So viele Tage, wie du auf dieser Seite liegst, trägst du ihre Schuld. Und ich setze für dich fest: So viele Jahre, wie die Schuld des Hauses Israel dauert, so viele Tage sollst du ihre Schuld tragen: dreihundertneunzig Tage. Wenn du diese Zeit beendet hast, leg dich auf die andere, die rechte Seite und trag vierzig Tage lang die Schuld des Hauses Juda: einen Tag für jedes Jahr; so setze ich es für dich fest. Dann sollst du dein Gesicht unbeweglich auf das belagerte Jerusalem richten und mit erhobenem Arm gegen die Stadt weissagen. Ich aber lege dir Stricke an, sodass du dich nicht von einer Seite auf die andere drehen kannst, so lange, bis du die Tage der Belagerung beendet hast.

Das sind zwar nur 430 Jahre. Ob das Ende der Belagerung damit erreicht ist, wird nicht gesagt. Die Quersumme der Zahlen ist $4 + 3 = 7 + 0 = 70$.

KAPITEL 10

DIE LETZTEN OFFENBARUNGEN

Die drei letzten Abschnitte des Danielbuchs tragen obige Kapitelüberschrift. Dieser Abschnitt des Kapitels umfasst das persische und das makedonische Reich. Nachdem in den zurückliegenden Kapiteln bereits einiges über die beiden Reiche gesagt wurde, hat sich offenbar eine andere Schreibschule des Kapitels angenommen und Zusätze eingeschoben.

Daniel erhält durch nächtliche Schauung einen Einblick über geistige Kämpfe verschiedener Schutzengel. Diese Schutzengel und Engelfürsten gelten als Bewahrer der verschiedenen nahöstlichen Völker. Bei der Schauung erhält Daniel umfangreiche Wortoffenbarungen über die Ereignisse, die bis zur Schicksalswende und bis ans Ende der Tage reichen. Die nächtlichen Visionen zwischen Engelfürsten der ehemaligen Weltreiche zeigen ein weiteres Anliegen des Buchs auf, wie es die folgenden Verse zeigen:

Die letzten Offenbarungen an Daniel:

[1]Im dritten Jahr des Königs Kyrus von Persien empfing Daniel, der auch Beltschazzar heißt, eine Offenbarung. Das Wort ist zuverlässig und kündigt große Not an. Er suchte das Wort zu verstehen und das Verständnis wurde ihm in einer Vision gegeben.

Zu Beginn wird das dritte Jahr des Königs Kyrus von Persien erwähnt und Daniel mit seinem babylonischen Namen Beltschazzar vorgestellt. Mit diesem Namen ist auch der Begriff »Offenbarung« verknüpft. Die Behauptung, das Wort sei zuverlässig und kündige große Not an, stimmt die folgende Charakteristik durchaus mit dem, was die folgende Textstelle bietet, überein. Der weitere biblische Text:

[2]In jenen Tagen hielt ich, Daniel, drei Wochen lang Trauer. [3]Nahrung, die mir sonst schmeckte, aß ich nicht; Fleisch und Wein kamen nicht in meinen Mund; auch salbte ich mich nicht, bis drei volle Wochen vorbei waren. [4]Am vierundzwanzigsten Tag des ersten Monats stand ich am Ufer des großen Flusses, des Tigris. [5]Ich blickte auf und sah, wie ein Mann vor mir stand, der in Leinen gekleidet war und einen Gürtel aus feinstem Gold um die Hüften trug. [6]Sein Körper glich einem Chrysolith, sein Gesicht leuchtete wie ein Blitz und die Augen waren wie brennende Fackeln. Seine Arme und Beine glänzten wie polierte Bronze. Seine Worte waren wie das Getöse einer großen Menschenmenge. [7]Nur ich, Daniel, sah diese Erscheinung; die Männer, die bei mir waren, sahen die Erscheinung nicht; doch ein großer Schrecken befiel sie, so dass sie wegliefen und sich versteckten.

Die Wortoffenbarung ist so treffend geschildert, dass sie bei der Person, die als Daniel wahrgenommen wird, für Ermatten, Trauer und Appetitlosigkeit führte. Daniel wusste, dass eine Heimkehr des jüdischen Volkes noch dauern werde. Wenn der Prophet seine Bemühungen so lange fortsetzen musste, so wird das später damit erklärt, dass der Offenbarungsengel drei Wochen lang (einundzwanzig Tage, Vers 13) aufgehalten wurde, ohne dass von einem Gesicht ausdrücklich die Rede wäre, fußt der ganze Abschnitt doch einem solchen. Der große Fluss, der als Tigris vorgestellt wird, beruht wahrscheinlich auf einer Glosse, sonst müsste man darunter den Eufrat verstehen. Die erhabene Person würde man nach heutigem Verständnis als eine Lichtgestalt bezeichnen.

Im Vers 5 wird diese Person beschrieben, dessen Äußeres in der folgenden Tabelle kurz gefasst ist:

1. ein Mann in Leinen gekleidet
2. ein Gürtel aus feinstem Gold
3. sein Körper glich einem Chrysolith
4. das Gesicht leuchtete wie ein Blitz
5. die Augen waren wie brennende Fackeln
6. die Arme und Beine glänzten wie polierte Bronze
7. seine Worte waren wie das Getöse einer großen Volksmenge

Diese herausragende Erscheinung überragt alle anwesenden Personen. Die erhabene Gestalt ließ seine mächtige Stimme erschallen, so dass die Begleiter Daniels erschraken, wegliefen und sich versteckten (V 7). Diese Personen hatten zwar die große Persönlichkeit, nicht gesehen, aber gehört. Selbst Daniel erschrak nicht nur wegen des Schalls der Worte, sondern auch wegen der imposanten Gestalt; er sank ohnmächtig zu Boden.

Ohne jetzt auf jede Einzelheit einzugehen, ist der Zweck der sprechenden Lichtgestalt offensichtlich: Er will mitteilen, dass die Engelsfürsten einen »Geistkampf« austragen. Solche eigenartigen Geistkämpfe, die mit den verschiedenen Engelfürsten zu tun haben, haben frühere Wurzeln. Die nachfolgende Stelle aus Josua 5,13-14 möchte das verdeutlichen:

»Als Josua bei Jericho war und Ausschau hielt, sah er plötzlich einen Mann mit einem gezückten Schwert in der Hand vor sich stehen. Josua ging auf ihn zu und fragte ihn: Gehörst du zu uns oder zu unseren Feinden? Er antwortete: Nein, ich bin der Anführer des Heeres des Herrn. Ich bin soeben gekommen. Da warf sich Josua vor ihm zu Boden, um ihm zu huldigen, und fragte ihn: Was befiehlt mein Herr seinem Knecht?«

Was ist hiermit gemeint? Der Kontext stellt einen Zusammenhang zwischen den Mächten Persien und Griechenland her. »Jene fernen Tage« bezieht sich also auf Griechenland. Leopold Zunz, der die jüdische Bibel (AT) ins Deutsche übertragen hat, übersetzt den Vers 14 folgendermaßen: »Und bin gekommen, die zu lehren,

was begegnen wird deinem Volke in der Folge der Tage,
denn die Dauer des Gesichts ist bis auf dieses Tage. Die
Aussage, diese Tage, bezieht sich – expresssis verbis –
auf die Jetztzeit!

Das mit Vers 21 benannte Buch, »Buch der Wahrheit«,
wird sonst in der Bibel nicht erwähnt, wenn man vom
Buch Sirach absieht. Die restlichen biblischen Verse,
8-21, beschreiben Geschehnisse, die bereits weiter oben
beschrieben wurden und somit nicht weiter erwähnt
zu werden brauchen. Die letzten Verse des Kapitels:

[8]So blieb ich allein zurück und sah diese gewaltige Erscheinung. Meine Kräfte verließen mich; ich wurde totenbleich
und konnte mich nicht mehr aufrecht halten. [9]Ich hörte
den Schall seiner Worte; beim Schall seiner Worte fiel ich
betäubt zu Boden und blieb, mit dem Gesicht am Boden,
liegen. [10]Doch eine Hand fasste mich an und half mir auf
Knie und Hände. [11]Dann sagte er zu mir: Daniel, du (von
Gott) geliebter Mann, achte auf die Worte, die ich dir zu
sagen habe. Stell dich aufrecht hin; denn ich bin jetzt zu dir
gesandt. Als er so mit mir redete, erhob ich mich zitternd.
[12]Dann sagte er zu mir: Fürchte dich nicht, Daniel! Schon
vom ersten Tag an, als du dich um Verständnis bemühtest
und dich deswegen vor deinem Gott beugtest, wurden deine
Worte gehört und wegen deiner Worte bin ich gekommen.
[13]Der Engelfürst des Perserreiches hat sich mir einundzwanzig
Tage lang entgegengestellt, aber Michael, einer der ersten
unter den Engelfürsten, kam mir zu Hilfe. Darum war ich
dort bei den Königen von Persien entbehrlich. [14]Und jetzt bin
ich gekommen, um dich verstehen zu lassen, was deinem
Volk in den letzten Tagen zustoßen wird. Denn auch diese
Vision bezieht sich auf jene fernen Tage.

[15]Während er das zu mir sagte, blickte ich zu Boden und blieb stumm. [16]Da berührte eine Gestalt, die aussah wie ein Mensch, meine Lippen. Nun konnte ich den Mund wieder öffnen und sprechen. Ich sagte zu dem, der vor mir stand: Mein Herr, als ich die Vision sah, wand ich mich in Schmerzen und verlor alle Kraft. [17]Wie kann ich, der Knecht meines Herrn, mit meinem Herrn reden? Mir fehlt seitdem jede Kraft, selbst der Atem stockt mir. [18]Da berührte mich die Gestalt, die wie ein Mensch aussah, von neuem, stärkte mich [19]und sagte: Fürchte dich nicht, du (von Gott) geliebter Mann! Friede sei mit dir. Sei stark und hab Vertrauen! Als er so mit mir redete, fühlte ich mich gestärkt und sagte: Nun rede, mein Herr! Du hast mich gestärkt. [20]Er sagte: Weißt du, warum ich zu dir gekommen bin? Ich muss bald zurückkehren und mit dem Engelsfürsten von Persien kämpfen. Wenn ich mit ihm fertig bin, dann wird der Engelsfürst von Jawan kommen. [21]Vorher aber will ich dir mitteilen, was im Buch der Wahrheit aufgezeichnet ist. Doch keiner hilft mir tatkräftig gegen sie außer eurem Engelfürsten Michael.

Könige von Persien und Griechenland:

Diese und weitere Überschriften sind im Original nicht enthalten. Sie dienen nur dem besseren Verständnis.

Das Buch Daniel greift mit den ersten Versen nochmal auf das Perserreich zurück und stellt zusätzlich eine Verbindung zu den letzten Versen des vorigen Kapitels her. Dort gestaltete der stimmgewaltige Offenbarungsengel die Szene mit.

In den folgenden Versen (1 - 45) wird auf die bereits bekannten geschichtlichen Ereignisse eingegangen. Der biblische Bericht vermeidet es Namen zu nennen, obwohl klar ist, welche Personen gemeint sind. Offenbar ist es dem biblischen Bericht nicht daran gelegen, historisch zuverlässige Daten zu liefern. Die Menschen sollen zum Glaubensgehorsam angehalten werden.

> [1]Im ersten Jahr des Meders Darius stand ich ihm helfend und schützend zur Seite. [2]Und jetzt will ich dir die Wahrheit mitteilen: Noch drei Könige kommen in Persien; der vierte aber wird größeren Reichtum erwerben als alle anderen vor ihm. Nachdem er reich und mächtig geworden ist, bietet er all seine Macht gegen das Reich von Jawan auf.

Die Könige, von dem gesprochen wird, beginnen bei Kyrus und enden mit Xerxes. Er ist der vierte König, der den größten Reichtum von allen besaß. Beachten wir folgende Aufstellung der persischen Könige:

1. Kyrus (Kyros II. der Große)
2. Kambyses
3. Darius (Dareios I. der Große)
4. Xerxes I. (altpersisch Chšarjarša)

Der Sohn von Kambyses, Dareios, dem die Griechen den Beinamen »der Große« gegeben hatten, legte den Grundstein für das großpersische Reich. Aber schon bei ihm zeichneten sich deutliche Auflösungserscheinungen ab. Er begann einen folgenschweren Krieg, der sich um 494 v.Chr. zutrug. Dareios der Große sammelte seine Soldaten, ließ seine Heere gegen Griechenland (Makedonien) aufmarschieren und scheiterte 490 v.Chr. in der Schlacht bei Marathon. Sein Sohn, Xerxes, wagte einen weiteren Krieg. Seine Flotte wurde aber 480 v.Chr. bei Salamis geschlagen.

Das Landheer wurde 479 v.Chr. bei Platää vernichtet. Zu diesen Zeiten, möglicherweise auch schon früher, trug sich Seltsames, Eigenartiges und doch Gewöhnliches zu: Wegen der Thronfolge, die eigentlich dem ältesten Sohn zustand, kam es zum Brudermord. Schon vorher und auch später wurden leibliche Brüder wegen der Thronfolge getötet. Dasselbe geschah auch mit Xerxes. Es war um 465 v.Chr., als er umgebracht wurde. Dabei war er der letzte König des Persischen Reiches, auf den die Bezeichnung Großkönig zutraf. Dass Brüder sich umbringen, ist nicht ungewöhnliches - Kain erschlug bekanntlich seinen Bruder Abel.

Xerxes I. hatte oberhalb des Torwegs des persischen Palastes Persepolis folgende Inschrift in Stein hauen lassen:

Übersetzung: Xerxes, der große König, der König der

Könige, der Sohn des Königs aus dem Geschlecht der Achämeniden[1]

Die Diadochenreiche:

Mit wenigen Versen geht die Weltherrschaft der Perser zu Ende und damit auf die Griechen über. Nach dem frühen Tod Alexanders des Großen geht die Aufteilung seines Riesenreichs nicht auf seine Erben über, sondern auf die so genannten Diadochen. Die Verse 3 und 4 zeigen den Sachverhalt:

[3]Dann wird ein kraftvoller König kommen; er herrscht mit großer Macht und tut, was er will. [4]Doch kaum ist er aufgetreten, da bricht sein Reich auseinander und teilt sich nach den vier Himmelsrichtungen. Es fällt aber nicht seinen Nachkommen zu und ist nicht mehr so mächtig wie unter seiner Herrschaft. Denn sein Reich wird vernichtet; es fällt anderen zu, nicht seinen Erben.

In dem folgenden Verse wird Bezug genommen auf den König des Südens. Der Exkurs auf den Seiten 108 - 110, der die Diadochenkönige aufzeigt, wird hier in einer Liste aufgeführt:

1. der makedonische Feldherr Antigonos, der spätere Antigonos I. Monophtalmos, erhielt Lykien, Pamphylien und Phrygien

---

[1]Benannt nach dem Stammvater Achämenes.

2. der makedonisch-griechische Feldherr Ptolemäus, der spätere Ptolemäus I. Soter, erhielt Ägypten (sein Vater Ptolemäus I. Lagi stammte aus einem makedonischem Adelsgeschlecht)
3. der thrakische Feldherr Lysimachos erhielt Thrakien
4. der griechische Feldherr Antipater[2] blieb als Reichsverweser in Makedonien.
5. der makedonische Feldherr, der spätere Seleukos I. Nikator, erhielt Babylonien und Palästina

Im 11. Buch Daniel werden zwei Königreiche vorgestellt: Der König des Südens und der König des Nordens. Wie obiger Tabelle zu entnehmen ist, ist der König des Südens mit dem Namen Ptolemaios I. Soter[3] verbunden, der König des Nordens trägt den Namen Seleukos I. Nikator[4].

Bevor auf die einzelnen Aussagen eingegangen wird, noch zwei Aussagen:

1. Die Diadochen bekämpften sich gegenseitig. Das geschah mit wechselnden Bündnissen. Es ging wie immer um die Macht.
2. Vergleichbar mit der Politik wird auch hier mit wechselnden politischen Partnern zur Macht zu kommen.

---

[2] Ebenbild des Vaters
[3] Retter, Heiland
[4] Der Siegreiche

Das Hin- und Herwogen der Kämpfe zwischen den antiken Weltmächten wird im 11.Kapitel beschrieben. Das kleine Israel war dazu nur Spielball der Weltmächte.

Der König des Südens:

Die Verse 5 – 7 sind nicht eindeutig. Der König des Südens, Ptolemäus, der spätere I. Soter, war Diadoche. Jetzt heißt es aber, dass einer von seinen Feldherren noch mächtiger wird als er selbst. Es könnte sich dabei um den Diadochen Antigonos gehandelt haben.

5Dann erstarkt der König des Südens; aber einer von seinen Feldherren wird mächtiger als er und tritt die Herrschaft an und seine Herrschaft wird noch gewaltiger sein. 6Nach Jahren schließen sie dann ein Bündnis und um den Frieden zu bekräftigen, kommt die Tochter des Königs des Südens zum König des Nordens. Doch sie verliert die Macht und auch ihr Kind bleibt nicht am Leben; zur (bestimmten) Zeit wird sie dem Untergang preisgegeben, sie, ihre Begleiter, auch der, der sie gezeugt hat, und der, der sie zur Frau genommen hat. 7Aber an seiner Stelle tritt ein Spross aus ihren Wurzeln auf; er zieht gegen das Heer aus, dringt in die Festung des Königs des Nordens ein und verfährt mit ihnen, wie es ein Sieger tut.

Antipater war Reichsverweser, als Alexander der Große den Asienfeldzug antrat. Antipater kannte bereits Phillip II. und diente unter ihm. Er verstand sich als Erhalter des großen Reichs und hatte mit Antigonos gute bis freundschaftliche Beziehungen. Er sah aber mit Erstaunen, wie die Diadochen des Südens und Nordens sich gegenseitig vernichteten. Das Bündnis, das sie schmiedeten, bezog sich auf ein gemeinsames Heer, mit dem sie gegen den König des Nordens, den seleukidischen König Nikator, zogen. Das Bündnis zeigte sich auch darin, dass Ptolemäus eine Tochter von Antipater heiratete. Indes nahm der König des Südens, Ptolemäus, der sich zuvor als Pharao ausgerufen hatte, seine Tochter Kleopatra mit sich und zog zum König des Nordens, um sie dort mit ihm zu verheiraten (Alexander Balas I.). Die Verheiratung der beiden ungleichen Herrscher wird in 1.Makk. 10, 51-58 beschrieben. Hierzu die folgenden Verse:

[51]Alexander schickte Gesandte zu Ptolemäus, dem König von Ägypten, und ließ ihm folgendes sagen: [52]Ich bin in mein Reich zurückgekehrt, habe mich auf den Thron meiner Väter gesetzt und die Herrschaft angetreten. Ich habe Demetrius besiegt und unser Land in meine Gewalt gebracht.

[57]Ptolemäus verließ Ägypten und nahm seine Tochter Kleopatra mit sich. Im Jahr 162 kam er nach Ptolemaïs[5].

[58]Als König Alexander mit ihm zusammenkam, gab er ihm seine Tochter zur Frau. Er veranstaltete in Ptolemaïs eine glänzende Hochzeit für sie, wie es bei Königen üblich ist.

Der folgende Text bezieht sich auf obige biblische Stellen:

Der König des Nordens, in diesem Fall der erwähnte

---

[5]Kleopatra: Tochter des Ptolemäus VI. Philometor.

Alexander Balas I. war ein lebefreudiger Herrscher. Es
zeigte sich bald, dass der Verfall seines Reichs nicht zu
verhindern war. In tiefer Sorge um seine Tochter Kleopatra, die ein Kind mit Alexander hatte, zog Ptolemäus
wieder zum König des Nordens. Dann geschieht etwas,
was typisch für Weltreiche ist. Das 1.Makkabäerbuch,
Kapitel 11, gibt auch dazu Auskunft. Bei einigem Kombi-
nieren zeigen sich innere Strukturen antiker Weltreiche.
Hierzu gehörten das Machtstreben, der Verrat und die
Tötung von Konkurrenten, die nicht selten dem enge-
ren Familienkreis angehörten. Ein König ermordete
seinen Bruder, der seinerseits nach der Macht strebte.

1.Makkabäer 11:

[1]Damals zog der König von Ägypten Truppen zusammen,
so zahlreich wie der Sand am Ufer des Meeres, dazu viele
Schiffe; denn er wollte mit List die Herrschaft über das Reich
Alexanders gewinnen, um es seinem Reich anzugliedern. [2]
Er rückte in Syrien ein, aber so, als komme er in friedlicher
Absicht. Die Einwohner der Städte öffneten ihm die Tore
und gingen ihm entgegen. König Alexander hatte es so angeordnet, weil Ptolemäus sein Schwiegervater war. [3]Jedes Mal,
wenn Ptolemäus eine Stadt betreten hatte, ließ er eine Abtei-
lung seiner Truppen als Besatzung dort. [4]Als er nach Aschdod
zog, zeigte man ihm den niedergebrannten Tempel Dagons
und die durch das Feuer verwüstete Stadt und Umgebung von
Aschdod. Dazu häufte man an seinem Weg die Leichen der
Erschlagenen und Verbrannten aus dem Krieg mit Jonatan
auf. [5]Man erzählte dem König, was Jonatan getan hatte, um
ihn in ein schlechtes Licht zu setzen, aber der König schwieg
dazu. [6]Jonatan kam dem König in Jafo mit einem glänzenden
Gefolge entgegen. Sie begrüßten einander und blieben die

Nacht über dort. [7]Anschließend begleitete Jonatan den König bis zum Fluss Eleutherus; dann kehrte er nach Jerusalem zurück. [8]König Ptolemäus aber brachte alle Küstenstädte bis nach Seleuzia am Meer in seine Gewalt; denn er führte gegen Alexander Böses im Schild. Seleuzia am Meer: Hafen der Stadt Antiochia. [9]Dem König Demetrius ließ er durch Gesandte mitteilen: Wir wollen einen Bund miteinander schließen. Ich will dir meine Tochter geben, die Alexander jetzt zur Frau hat. Du sollst im Reich deines Vaters als König herrschen. [10]Ich bereue, dass ich ihm meine Tochter gegeben habe; denn er hat versucht, mich zu ermorden. [11]Ptolemäus aber machte Alexander deswegen so schlecht, weil er sein Reich haben wollte. [12]Er nahm ihm seine Tochter weg und gab sie Demetrius zur Frau. So brach er mit Alexander und es wurde überall bekannt, dass sie zu Feinden geworden waren. [13]Ptolemäus zog in Antiochia ein und setzte sich die Krone von Asien auf; zwei Kronen trug er nun: die von Ägypten und die von Asien. [14]König Alexander war zu dieser Zeit gerade in Zilizien, weil die Bevölkerung jenes Gebietes von ihm abzufallen drohte. [15]Sobald er von den Vorfällen hörte, zog er zum Kampf gegen Ptolemäus aus. Dieser rückte ihm mit einem starken Heer entgegen und schlug ihn in die Flucht. [16]Alexander floh nach Arabien, weil er glaubte, dort einen Zufluchtsort zu finden; nun stand König Ptolemäus auf der Höhe seiner Macht. [17]Der Araber Sabdiël ließ Alexander den Kopf abschlagen und an Ptolemäus schicken.

Das biblische Buch Daniel wir mit dem 11.Kapitel und den Versen 8-18 fortgeführt. Die Verse sprechen für sich. Es wurde bereits zu den beiden Reichen einiges gesagt, so dass sie nicht weiter kommentiert werden muss.

[8]Sogar ihre Götter nimmt er als Beute nach Ägypten mit, ebenso ihre Götterbilder und die kostbaren Geräte aus Silber und Gold. Dann lässt er den König des Nordens einige Jahre in Ruhe. [9]Darauf zieht dieser gegen das Reich des Königs des Südens, muss aber in sein Land zurückkehren. [10]Doch seine Söhne rüsten zum Krieg und bringen gewaltige Heere zusammen. Einer (von ihnen) zieht gegen (den König des Südens); er rückt vor und überflutet alles. Dann rüstet er nochmals und dringt bis zu seiner Festung vor. [11]Das erbittert den König des Südens; er zieht gegen den König des Nordens aus und kämpft gegen ihn. Dieser hat zwar ein großes Heer aufgestellt, aber das Heer fällt dem Andern in die Hand. [12]und wird aufgerieben. Da wird sein Herz stolz; er wirft Zehntausende zu Boden, aber er bleibt nicht stark. [13]Der König des Nordens stellt nochmals ein Heer auf, noch größer als das erste, und nach einigen Jahren zieht er gegen jenen mit einer großen Streitmacht und einem riesigen Tross ins Feld. [14]In jener Zeit erheben sich viele gegen den König des Südens; auch gewalttätige Leute aus deinem Volk stehen auf und so erfüllt sich eine Vision. Aber sie kommen zu Fall. [15]Da zieht der König des Nordens heran, schüttet einen Wall auf und erobert eine stark befestigte Stadt. Die Kräfte des Königs des Südens halten nicht stand; selbst die Truppe seiner auserlesenen Kämpfer ist nicht stark genug, um sich zu halten. [16]Der, der gegen ihn vorrückt, tut (mit ihnen), was er will. Keiner kann ihm widerstehen; so fasst er Fuß im Land der Zierde und seine Hand bringt Vernichtung. [17]Dann fasst er den Plan, das ganze Reich (des Königs des Südens) zu unterjochen. Er schließt einen Vergleich mit ihm und gibt ihm eine seiner Töchter zur Frau, um seine Macht zu zerstören. Doch das kommt nicht zustande, es gelingt ihm nicht. [18]Jetzt wendet er sich gegen die Inseln und erobert viele von ihnen. Aber ein Feldherr macht seiner Herausforderung ein Ende, ja, er vergilt ihm seine Herausforderung.

Ein Hauptinteresse des 11.Kapitels des Buchs Daniel liegt auf dem König des Nordens und auf dem des Südens. Die Bezeichnung „König" steht für verschiedene Herrscher, die zu unterschiedlichen Zeiten gelebt haben. Es gab also nicht nur die zwei Könige. Beachten wir folgende Aufstellung:

1. Der makedonische Feldherr Ptolemäus I.Soter, d.h. Retter (305-285 v.Chr.), aus dem makedonisch–griechischen Herrscherhaus, gilt als König des Südens. Er war der spätere König von Ägypten und gilt als Jugendfreund Alexanders des Großen.

2. Ptolemäus II. Philadelpos (Geschwisterliebender), König von Ägypten (285–246 v.Chr) und Gründer der Bibliothek Alexandrias, heiratete unter anderem seine Schwester Arsinoe I.

3. Ptolemäus III., genannt Euergetes (Wohltäter), war König von Ägypten (246–221 v.Chr.). Durch Heirat mit Berenike vereinigte er Ägygpten mit Kyrene. Unter seiner Herrschaft erreichte das Reich seine größte Blüte. Nach dem Mord an dem Sohn seiner Schwester, der Ansprüche auf den seleukidischen Thron gestellte hatte, konnte er Krieg gegen das Reich des Nordens führen (Vers 7) und mit Kriegsverlieren wird verfahren, wie Sieger es für richtig halten: Sie wurden möglicherweise versklavt, verbannt oder vielleicht sogar getötet.

4. Der Vollständigkeit halber: Ptolemäus V., genannt Epiphanes (Regierungszeit 204–180 v.Chr.). Wie im Nordreich gab es auch im Südreich einen »Erleuchteten«. Anfang 193 v.Chr. heiratete er die ägyptische Prinzessin Kleopatra[6] I. Später wurde er vergiftet.

Mit den Versen 19 - 45 des 11.Kapitels wird ein König des Nordreichs beschrieben, der nicht auf dem Weg legitimer Nachfolge auf den Thron kam. Die Rede ist vom Antiochos Epiphanes IV (beachte Matthäus 24,15). Das zeigen bereits die Verse 19 - 20.

Der König des Nordens:

1. Seleukos I. Nikator war ein Sohn des Generals Antiochos und der Laodike und war der Begründer des Nordreichs (305–281). Um 305 v.Chr. nahm er den Königstitel von Persien und Mesopotamien an. Die nach ihm benannte Stadt Seleukia galt als Hauptstadt des Ostens.

2. Die Nachfolger des Seleukos I. Nikator sahen sich dauerhaften außenpolitischen Konflikten gegenüber.

3. Sein Sohn, Antiochos I. Soter (281–261) musste manche Niederlage hinnehmen.

---

[6]Kleopatra I. (geb. um 204 v. Chr. gest. April oder Mai 176 v. Chr.) war eine Königin von Ägypten. Sie war eine Tochter des Seleukidenkönigs Antiochos III. und der Laodike und heiratete 193 v. Chr. Ptolemaios V. aus der Dynastie der Ptolemäer.

4. Antiochos II. Theos (261–246) gelang es, einige Länder wieder zurückzuerobern.

5. unter Seleukos II. Kallinikos (246-226) verschlechterte sich die Lage.

6. Antiochos II. der Große (223–187) hatte größeren Erfolg und erinnerte an König Nikator.

7. Seleukos IV. Philopater (187–175)

8. Antiochos IV. Epiphanes (175–164) ließ 167 den Tempel in Rom plündern und löste den Makkabäeraufstand aus.

Das Seleukidenreich endete mit Antiochos VII. Sidetes (138–129). Er wurde bei einer Schlacht getötet und sein Heer vernichtet.

[19]Nun wendet er sich den Festungen des eigenen Landes zu. Er stolpert jedoch, fällt und ist nicht mehr zu finden. [20]An seine Stelle tritt einer, der einen Steuereintreiber durch die Zierde des Reiches ziehen lässt. Doch wird er schon nach kurzer Zeit beseitigt, aber nicht öffentlich und nicht im Kampf. [21] An seine Stelle tritt ein verächtlicher Mensch. Ihm überträgt man die Würde des Königtums nicht; er kommt aber unversehens und reißt die Herrschaft durch List an sich. [22]Ganze Heere werden vor ihm hinweg geschwemmt und vernichtet, auch der Fürst des Bundes. [23]Wer sich mit ihm verbündet, gegen den handelt er heimtückisch. Er kommt empor, und obwohl er nur wenige Anhänger hat, wird er stark. [24]Unversehens dringt er in die reichsten Bezirke einer Provinz ein und tut, was weder seine Väter noch seine Ahnen getan haben: Er raubt, macht Beute und verteilt den Besitz an seine Leute. Er denkt Anschläge gegen die Festungen aus, aber das dauert nur eine bestimmte Zeit. [25]Er bietet seine ganze Kraft und seinen ganzen Mut

auf und zieht mit einem großen Heer gegen den König des Südens. Darauf rüstet auch der König des Südens mit einem großen und sehr starken Heer zum Krieg; er kann aber nicht standhalten; denn man plant Anschläge gegen ihn. ²⁶ Die eigenen Tischgenossen führen seinen Sturz herbei. Sein Heer wird weggeschwemmt, viele werden erschlagen und fallen. ²⁷ Beide Könige sinnen auf Böses; sie sitzen am selben Tisch zusammen und belügen einander. Aber sie erreichen nichts, denn das Ende steht noch aus, bis zur bestimmten Zeit.

Ab Vers 21 wird die Herrschaft Antiochus IV. Epiphanes beschrieben, sie dauert bis zum Schluss des Kapitels. Sein Ende wird auch im Buch der Makkabäer erzählt. Es heißt dort: »Würmer krochen aus seinen Augen.« Seinen fürchterlichen Körpergestank konnten seine Begleiter nicht ertragen. Sie wendeten sich vom König ab. Er selbst konnte seinen eigenen bestialischen Geruch nicht mehr riechen. Den Tod vor Augen, wollte er für die Juden noch etwas Gutes tun und ein Testament verfassen, das günstig für die Juden ausfiel. Er wollte an seinem Lebensende seine Schandtaten gut machen; er kam aber nicht mehr dazu. Gott setzte seinem boshaften Leben ein Ende. Die Martyrien der sieben Söhne einer Mutter sind bei den Juden bis heute unvergessen (2.Makkabäer 7).

Der weitere biblische Text im Zusammenhang:

²⁸Mit großem Tross tritt dann der König des Nordens den Rückweg in sein Land an; sein Sinn ist gegen den Heiligen Bund gerichtet. Er handelt auch entsprechend und kehrt

schließlich in sein Land zurück. [29] Zu einer bestimmten Zeit fällt er wieder in den Süden ein. Doch das zweite Mal geht es nicht wie das erste Mal. [30]Kittäische Schiffe greifen ihn an und er kehrt eingeschüchtert um. Nun wendet er seine Wut gegen den Heiligen Bund und handelt entsprechend. Dann kehrt er heim und erkennt jene an, die den Heiligen Bund verlassen. [31]Er stellt Streitkräfte auf, die das Heiligtum auf der Burg entweihen, das tägliche Opfer abschaffen und den unheilvollen Gräuel aufstellen. [32]Er verführt mit seinen glatten Worten die Menschen dazu, vom Bund abzufallen; doch die Schar derer, die ihrem Gott treu sind, bleibt fest und handelt entsprechend. [33]Die Verständigen im Volk bringen viele zur Einsicht; aber eine Zeit lang zwingt man sie nieder mit Feuer und Schwert, mit Haft und Plünderung. [34] Doch während man sie niederzwingt, erfahren sie eine kleine Hilfe; viele schließen sich ihnen an, freilich nur zum Schein. [35]Aber auch manche von den Verständigen kommen zu Fall; so sollen sie geprüft, geläutert und gereinigt werden bis zur Zeit des Endes; denn es dauert noch eine Weile bis zu der bestimmten Zeit. [36]Der König tut, was er will. Er wird übermütig und prahlt gegenüber allen Göttern, auch gegenüber dem höchsten Gott führt er unglaubliche Reden. Dabei hat er Erfolg, bis der Zorn (Gottes) zu Ende ist. Denn was beschlossen ist, muss ausgeführt werden. [37]Er missachtet sogar die Götter seiner Väter, auch den Liebling der Frauen achtet er nicht und überhaupt keinen Gott; er prahlt gegenüber allen. [38]Stattdessen verehrt er den Gott der Festungen; einen Gott, den seine Väter nicht gekannt haben, verehrt er mit Gold und Silber, mit Edelsteinen und Kostbarkeiten. [39]Starke Festungen greift er an mit Hilfe des fremden Gottes. Alle, die ihn anerkennen, überhäuft er mit Ehren; er verleiht ihnen die Herrschaft über viele Menschen und teilt ihnen als Belohnung Land zu. [40]Zur Zeit des Endes streitet mit ihm der König des Südens. Da stürmt der König des Nordens gegen ihn heran mit Wagen und Reitern und mit vielen Schiffen.

Er dringt in die Länder ein, überschwemmt sie und rückt vor. [41]Auch ins Land der Zierde dringt er ein. Viele werden niedergezwungen; nur Edom und Moab und der Hauptteil der Ammoniter entgehen ihm. [42] Er streckt seine Hand nach den Ländern aus; auch für Ägypten gibt es keine Rettung. [43]Er wird Herr über die Schätze von Gold und Silber und über alle Kostbarkeiten Ägyptens. Libyer und Kuschiter leisten ihm Gefolgschaft. [44]Da erschrecken ihn Gerüchte aus dem Osten und dem Norden. In großem Zorn zieht er aus, um viele zu vernichten und auszurotten. [45]Zwischen dem Meer und dem Berg der heiligen Zierde schlägt er seine Prunkzelte auf. Dann geht er seinem Ende zu und niemand ist da, der ihm hilft.

Der Vers 30 spricht von »Kittäischen Schiffe«. Sie kommen von einer Inselwelt im Mittelmeer. Vergleiche dazu Jeremia 2,10, wo es heißt: »Geht doch hinüber zu den Inseln der Kittäer.«. Hiermit ist das heutige Kreta gemeint.

Das beweist aber auch, dass bereits damals Handelsbeziehungen zwischen Völkern des Mittelmeerraums bekannt waren. In den weiteren biblischen Versen werden wieder einmal die verschiedenen Streitmächte des Alten Orients beschrieben. Dabei kommen auch Gottesfürchtige und »Verständige« zu Fall, für die ist die Herrschaft des Frevlers Prüfstein für den Glauben.

Mit Vers 41 zieht Antiochos IV. Epiphanes gegen das Land der Zierde. Er schändet den Altar, indem er heidnische Sitten einführt und sogar Schweine im Tempel geschlachtet haben soll. Dabei geht der Verwüster noch gegen die Götter seiner Väter vor. Sogar den Lieblingsgott der Frauen, die syrische Gottheit Tammuz Adonis (V 38), beseitigt er. Die weiteren Verse beschreiben den Höhepunkt seiner Macht. Sein Ende wird mit Vers 45 erzählt.

Es wird auch deutlich, dass die jüdischen Gelehrten, die das Buch Daniel fort- und zu Ende geführt haben, zur Zeit der Makkabäer gelebt haben. Sie hatten genaue Kenntnisse über sozio-kulturelle und militärische Vorgänge. Bisweilen wird die Meinung geäußert die jüdischen Autoritäten Zeugen hätten Kenntnis des Übergangs von der griechischen auf die römische Weltmacht hatten.

Die letzten Worte:

Das Schema, nach denen die Danielischen Weissagungen angelegt sind, muss auf das Gericht über die Verfolger und als Ergebnis seines Untergangs die Rettung des jüdischen Volkes folgen. Das bringt das Kapitel 12 in einer Form, die mehr als sonst den eschatologischen[7] Charakter des prophetischen Zukunftsbildes im Buch erkennen lässt. Da die Zeit der Drangsal bis zum römischen Weltreich fortdauerte, mussten jüdische Gelehrte die Erzählungen über die Erzengel weitererzählen, damit die längst beschlossenen Ratschlüsse in

[7]Lehre vom Weltende, von den letzten Dingen.

die himmlischen Örter verlegt werden konnten. Der nachfolgende biblische Text führt in die Szene ein:

[2]In jener Zeit tritt Michael auf, der große Engelfürst, der für die Söhne deines Volkes eintritt. Dann kommt eine Zeit der Not, wie noch keine da war, seit es Völker gibt, bis zu jener Zeit. Doch dein Volk wird in jener Zeit gerettet, jeder, der im Buch verzeichnet ist. [2]Von denen, die im Land des Staubes schlafen, werden viele erwachen, die einen zum ewigen Leben, die anderen zur Schmach, zu ewigem Abscheu.

Dieses letzte Kapitel geht noch einmal auf die antiken Weltreiche ein. Der Engelfürst Michael kommt zu Wort. Er ist derjenige, der angeführt wird, der das jüdisches Volk einzutreten angeführt wird. Die eintretende Zeit der Not geht zurück auf Kap. 10,1 und erweitert diese durch den Zusatz, »seit es Völker gibt«. Von den Aussagen, die Träume und Visionen, unterscheidet sich dieses Kapitel deutlich. Das deshalb, weil es das einzige ist, das über das Vorhandensein irdischer Völker hinausgeht.

Die Ursache dieser geschilderten Not reicht über das vorangegangene Kapitel (Könige des Südens und Nordens) hinaus. Die häufig verwendeten Pronomen »jener« weist auf die bereits erwähnten Zeiten hin.

Der Engelfürst Michael gewährt seinem Volk völlige Rettung aus jeglicher Not. Ein Buch wird geöffnet, worin alle Personen seines Volkes verzeichnet sind. Dieses Buch trägt keinen bestimmten Namen, es könnte sich um ein Lebensbuch handeln. Damit unterscheidet es sich vom »Buch der Wahrheit«, das bereits in Kapitel 10,21 angeführt wurde. Beide Bücher werden in der Bibel sonst nicht erwähnt.

> [3]Die Verständigen werden strahlen, wie der Himmel strahlt; und die Männer, die viele zum rechten Tun geführt haben, werden immer und ewig wie die Sterne leuchten. [4]Du, Daniel, halte diese Worte geheim und versiegle das Buch bis zur Zeit des Endes! Viele werden nachforschen und die Erkenntnis wird groß sein.

Die im Buch verzeichnet sind, werden strahlen. Sie freuen sich über ihre Zuversicht der ewigen Errettung. Diese Verse haben Menschen besonders in Zeiten der Verfolgung Zuversicht und Hoffnung gegeben. Daniel soll diese Worte geheim halten. Warum aber, da sie doch längst bekannt sind. Erst zur Zeit des Endes sollen die Worte des Buchs geöffnet werden. Bis dahin soll das Buch verschlossen und so der allgemeinen Zugänglichkeit verwehrt bleiben. Nach einer Zeit, zwei Zeiten und einer halben Zeit soll das Buch geöffnet werden.

Die Formulierung »Zeit des Endes« will den Bibelleser über die jetzige Zeit der Bedrängnis - für sein Volk - hinausheben und auf zukünftige Zeiten hinweisen. Die Bedrängnis von Kap. 11,45, die sich in erster Linie durch die makkabäische Verfolgung erfüllt hat, geht über diese Zeit hinaus. Die Weltgeschichte zeigt die

Verfolgung und versuchte Vernichtung der Juden bis in unsere Tage. Viele Juden haben ihren Glauben gelebt und wurden deshalb verfolgt.

[5]Als ich, Daniel, aufblickte, standen noch zwei andere Männer da, der eine diesseits des Flussufers, der andere jenseits. [6]Einer fragte den Mann, der in Leinen gekleidet war und über dem Wasser des Flusses stand: Wie lange dauert es noch bis zum Ende der unbegreiflichen Geschehnisse? [7]Darauf hörte ich die Stimme des Mannes, der in Leinen gekleidet war und über dem Wasser des Flusses stand; er erhob seine rechte und seine linke Hand zum Himmel, schwor bei dem, der ewig lebt, und sagte: Es dauert noch eine Zeit, zwei Zeiten und eine halbe Zeit. Wenn der am Ende ist, der die Macht des heiligen Volkes zerschlägt, dann wird sich das alles vollenden. [8]Ich hörte es, verstand es aber nicht. Darum fragte ich: Mein Herr, was wird das letzte von all dem sein? [9] Er erwiderte: Geh, Daniel! Diese Worte bleiben verschlossen und versiegelt bis zur Zeit des Endes. [10] Viele werden geläutert, gereinigt und geprüft. Doch die ruchlosen Sünder sündigen weiter. Von den Sündern wird es keiner verstehen; aber die Verständigen verstehen es.

Mit den Versen 5 ff. werden nochmals geheimnisvolle Bilder gemalt. Im Zusammenhang mit einer ähnlich aufgebauten Szene (Kapitel 8,13 ff.) werden wieder zwei Männer erwähnt, die jeweils an beiden Flussufern stehen, wobei einer über dem Strom zu Stehen kommt. Es beginnt ein Gespräch, dessen Zeuge Daniel ist. Zunächst hört er zu. Die eine Person, offenbar ein Engel, fragt die erhabene Gestalt, wann das Ende der Zeiten zu erwarten ist. Bevor die Lichtgestalt antwortet, hebt er beide Hände wie zum Schwur gegen den Himmel und sag dann, dass es noch eine Zeit, zwei Zeiten und eine halbe Zeit dauern werde, bis der Zerstörer des Heiligtums und der heiligen Stätte am Ende ist.

Offenbar weiß auch Daniel mit der Information nicht zu interpretieren, denn er fragt, was die letzten Worte zu bedeuten haben. Die daraufhin gegebene Antwort beinhaltet keine genauen Zeiten, vielmehr wird Daniel abgewiesen, denn die Informationen sollen verschlossen und versiegelt bleiben. Erst bis zur Zeit des Endes, sowohl von Bedrängnis als auch von Verfolgung, sollen die Worte offenbart werden. Dabei gilt auch hier die unausgesprochene Übereinkunft, dass es unter dem Volk sowohl Verständige als auch Sünder gibt. Der weitere biblische Text:

> [11]Von der Zeit an, in der man das tägliche Opfer abschafft und den unheilvollen Gräuel aufstellt, sind es zwölfhundertneunzig Tage. [12]Wohl dem, der aushält und dreizehnhundertfünfunddreißig Tage erreicht! [13]Du aber geh nun dem Ende zu! Du wirst ruhen und am Ende der Tage wirst du auferstehen, um dein Erbteil zu empfangen.

Der Vers 11 geht zurück auf das Kapitel 9,27. Dort wie hier war vom Verbot des Opfers die Rede. Die beiden Verse drücken den gleichen Sachverhalt aus. Dem Zusammenhang ist zu entnehmen, dass der Zeitraum von der Abschaffung des täglichen Opfers bis zur Aufstellung des Gräuels 1290 Tage dauern werde.

Der angegebene Zeitraum ist 30 Tage länger als »eine Zeit«, »zwei Zeiten« und »eine halbe Zeit[8]«. Der Schluss des Kapitels ist mit der Zusage verknüpft, dass den Personen, die über diese Zeit hinaus geduldig die Schande ertragen, Wohlergehen zugesagt wird. Daniel wird ruhen und am Ende der Tage auferstehen, um sein Erbe zu empfangen. Diese Zuversicht nehmen wir auch für uns in Anspruch.

---

[8] Siehe auch hierzu 7,25; 8,14.26.

ANHANG A

NACHWORT

DAS BUCH DANIEL ist thematisch eine Anordnung von Träumen, Visionen und Gesichte, mit denen die einzelnen Kapitel zusammen gehalten sind. Hiervon gibt es nur eine Ausnahme: Es ist das erste Kapitel, das eröffnenden Charakter hat und daher von Träumen usw. noch keine Rede ist. Alle anderen Kapitel haben diese angesprochenen Merkmale zum Inhalt. Außerdem treten diese Erscheinungen nur des Nachts auf. Es gibt noch eine weitere Gemeinsamkeit aller Kapitel: Alle Träume beziehen sich auf die nahöstlichen Reiche. Daher ist es falsch anzunehmen, die Träume stünden beziehungslos im Raum. Erst die Gesamtheit aller Visionen, Deutungen und Weissagungen macht die Würze des Buchs aus.

Die Träume, die sich auf die Reiche des Alten Orients beziehen, unterscheiden sich wieder nach zwei Gesichtspunkten: Während die ersten Erzählungen, Ka-

pitel 1-6, das neubabylonische Reich unter dem König
Nebukadnezar und seine Nachfolger als Grundlage haben - die Berichte sind im Erzählstil gehalten - bezieht
sich das andere Wesensmerkmal auf die Kapitel 7-12.
Sie handeln vom Persischen, dann vom Griechischen
und lassen sogar die Anfänge des Römischen Weltreichs
ahnen.

Eine These dieses Buchs lautet: Die historischen
Zusammenhänge und das ganze biblische Buch kann
man nur verstehen, wenn historische Zusammenhänge
herangezogen werden. Ohne diese ergeben sich andere
Schlüsse. Man will aber die Berechnung von Zeiten
und Zeitalter deuten deuten.

Das Volk Israel war zunächst Vasall Ägyptens. Als sich
dieses Land geschwächt zurückziehen musste, ergaben
sich neue Herrschaftsverhältnisse. Unter der neubabylonischer Herrschaft wurden Tempel, Fürsten- und
Königshäuser geplündert und in Brand gesteckt. Der
Altar wurde verwüstet. Während dieser Zeit geschah
die Wegführung hochgestellter Persönlichkeiten nach
Babel. Davon berichten einige Verse aus dem Buch
Jeremia, aus den beiden Büchern der Makkabäer und
auch dem Buch Daniel. Wegen dieser Wegführung war
das Volk Israel ohne Führung und war ohne Heimat.
Der Zeitraum bewegt sich zwischen 600 bis 150 v.Chr.
Daher werden sie sich gefragt haben, wann die Zeit der
Drangsal, Trübsal, Mühsal und Wirrsal endlich vorbei

sei. Weiter fragten sie sich, wann sie den Tempel wieder aufbauen und Opferhandlungen durchführen konnten. Das waren Fragen, die Priester und Schriftgelehrte bewegten. Sie suchten Antworten aus der Schrift. Das konnte aber nicht gelingen. Denn sprechen von ihrem Gott in der dritten Person. So als würde sie es nicht weiter angehen.

Daniel deutete Träume der neubabylonischen Herrscher. Später zur Zeit der Makedonen wurden wieder Träume erwähnt.

Beweise dafür, dass reale Weltreiche ins Reich der Visionen übertragen wurden, gibt es einige. Das beste Beispiel dafür ist das 8. Kapitel. Es handelt von den Kämpfen zwischen Widder und Ziegenbock, die für reale Weltreiche stehen. Die erwähnten Tiere hatten Hörner, mit denen sie sich gegenseitig bekämpften. Dabei ging der Ziegenbock, also Jawan, sprich Griechenland, als Sieger hervor. In dieser Vision ist bereits vieles vorweggenommen, was zeitlich später einzutreffen pflegt. Man nahm also reale Ereignisse, an datiert sie zurück, und man hatte Weissagungen. Im Konkreten geht es dabei um den »Ort der Zierde«, die »Zeit des Endes« und »Zweitausenddreihundert Abende und Morgen«. Es fehlen lediglich die Könige des Südens und des Nordens. Und »eine Zeit, zwei Zeiten und eine halbe Zeit« – dann ist das 8. Kapitel komplett.

Solche Siege spendeten Trost für die gemarterte

jüdische Seele. Zumindest pflegte ihr Gott den Göttern der nahöstlichen Weltreiche weit überlegen zu sein. Unter diesem Eindruck passen auch Überlegungen, was Zeit, Endzeit und die dazugehörenden Berechnungen vom vermeintlichen Weltende angehen. Dabei hatten die jüdischen Gelehrten niemals Siege der Heiden vor Augen gehabt. Ihnen ging es nur um ihr Volk, um ihren Sieg und ihr Heil.

Die Aussage, »eine Zeit, zwei Zeiten und eine halbe Zeit« ist im Buch Daniel auf eine bestimmte Zeit bezogen. Das wurde bereits gesagt. In der Offenbarung des Johannes wird das Buch Daniel angeführt. Viele weitere Textstellen beziehen sich auf das AT. Im Übrigen ist die erwähnte Zeit die Hälfte der Zahl sieben. Die Zahl sieben steht für göttliche Vollkommenheit.

Zum Buch Daniel gibt es bis heute wenig zu sagen. In der gegenwärtigen Lage weiß kein Prediger, kein Pfarrer etwas mit dem Buch Daniel anzufangen. Aber auch das Buch Hiob spielt nur am Rand eine Rolle. Was heute in der Predigt betrachtet wird, sind die Bücher des Apostel Paulus.

1. Es gibt keine Weissagungen, keine Prophetie, keine Vorhersage, was Zeiten angeht, die über den alttestamentlichen Rahmen hinausgehen. Kein Mensch kann wissen, was in späteren Jahren sein wird. Die Zukunft bleibt verschlossen. Natürlich sind Tendenzen erkennbar.

2. Es gibt verschiedene religiöse Menschen, die nach eigener Vorstellung das Ende der Welt berechnet haben. Das betrifft in der Regel während ihrer eigenen Lebenszeit zu.
3. Es gibt die Rede von der Ankunft des Messias. Ob dass das Ende der Welt bedeutet, steht dahin.

Was die Wirkungszeit Daniels angeht, sei auf die Bibelstelle Kapitel 1, Vers 21, verwiesen. Nach dieser kommt es rund 55 Jahre (620-540). Die Zahlen sind gerundet. Ob das wirklich zutrifft, steht dahin. Jedenfalls war die Zeit Nebukadnezars vorbei. Ein neues Zeitalter beginnt mit den Persern.

Hervorgehoben sei auch das 7.Kapitel. Es ist von besonderem Interesse. Es handelt von vier Tieren bzw. von Mischwesen und dem Wesen, das Ähnlichkeit mit einem Menschensohn hatte. Wenn auch am Ende des Kapitels wieder auf die nahöstlichen Reiche Bezug bezogen wird, lässt sich das auch auf die Schau eines Zeitalters beziehen.

Die Vorstellung, dass das Reich Gottes von ewiger Dauer sei, ist eine Gewissheit. Daher verkündet das Buch Daniel in vollen Zügen das ewige und universelle Königtum in der großen Vision des Menschensohns. Dass er mit den Wolken daherkam, betont die Andersartigkeit des himmlischen Reichs. Das »Gastmahl Belschazzars« ist ein weiterer Höhepunkt im Buch Daniel.

Aus NT-Sicht ist eine Verbindung zwischen Menschensohn Jesus vorstellbar. Auch er wurde von den Wolken aufgenommen und soll mit den Wolken wiederkommen.

Ein weiterer Höhepunkt war das 9.Kapitel, das von Siebzig Siebenheiten spricht. Die ersten siebzig Jahre bezog sich auf die Herrschaft Nebukadnezars. Die zweite Siebenheit wird asymetrich unterteilt. Es bezieht sich auf den Aufbau Jerusalems, auf die Ankunft eines Gesalbten. Dann werden Gesichte erwähnt, die die jüdischen Gelehrten ersannen und niedergeschrieben haben, um den Willen Gottes kundzutun. Damit eröffnen sich überraschende Perspektiven, die eine neue Welt offenbaren. Der Menschensohn hat u vielsagende Bedeutung. Zunächst ist der Menschensohn ein Sohn im Sinne eines Gottessohnes. Wie Christen den Sohn Gottes als Heiland der Welt anerkennen, steht das im Widerspruch zu Göttern anderer Völker. Die König und die Kaiser verstehen sich auch als Gott.

Wenn wir Jesus als das fleischgewordene Logos (Johannes 1 ff.) verstehen, dann haben die jüdischen Schriftgelehrten nach diesem Logos gesucht, konnten aber »Die Nadel im Heuhaufen« nicht finden. So musste ihre Suche nach dem Messias vergeblich sein. Denn der König als solcher steht über den Menschen.

Dass aus heutiger NT-Sicht Jesus als Sohn Gottes und König angesehen wird, ist keine Überraschung, sondern gehört zum Selbstverständnis des christlichen Menschenbildes. Offenbarungen bleiben einer späteren Generation vorbehalten.

Offb 1,6:

»... er hat uns zu Königen gemacht und zu Priestern vor Gott, seinem Vater. Ihm sei die Herrlichkeit und die Macht in alle Ewigkeit. Amen.«

Der Kreis schließt sich. Für viele Menschen, die in Bedrängnis, in Not und in Verfolgung geraten sind, ist das Buch Daniel Hoffnung und Zuversicht zugleich. Wie er trotz Verfolgung an seinem Gott festhielt, ist ein Beispiel von vielen Menschen.

Zum Abschluss noch ein Bibelzitat:

Daniel 7,28b:

»Sein Reich ist ein ewiges Reich und alle Mächte werden ihm dienen und gehorchen.«

Die nachfolgende Tabelle zeigt Könige und ihre Königreiche während der Abfassungszeit des Buchs Daniel. Sie umfasst eine Zeit von rund 600 bis 150 v.Chr. Weder konnte Daniel diese Zeiten vorhersehen, noch hat er sie selbst erlebt. Es dürften gelehrte Juden gewesen sein, die im Namen Daniels historische Geschichte weiterbearbeitet und dann nacherzählt haben.

Könige der Perser	
Name	Reg.-Zeit
Kyrus	559-529
Kabyses	529-522
Darius (Dareios)I	522-486
Xerxes I.	485-465
Artaxexes I.Makrocheir	464-424
Dareios II. (Nothos)	423-404
Artaxerxes II. (Mneon)	404-358
Kyrus der Jüngere	?
Artaxerxes III. (Ochos)	359-338
Dareios III. (Kodomannos)	336-330
Das griechische Weltreich	
Alexander d. Große	334-323
Nach dem Tod Alexanders folgten die Diadochenreiche	
1. Antipater	Großphrygien
2. Antigonos	Lykien u. Pamphylien
3. Ptolemäus I., König des Südens	Ägypten
4. Lysimachos	Pontos u. Thrakien
5. Seleukos I., König des Nordens	Syrien u. Babel

Könige in Israel		
Name	Reg.-Zeit	Bibel
Jojakim	609-598	Dan 1,1; 2Kön 23
Joachin	597	2Kön 24,8-17
Zidkija	597-586	2Kön 25,8-26

Könige der Meder		
Name	Reg.-Zeit	Bibel
Daiukku (Deiokes)	715	
Phraortes	646-625	
Kyaxares	625-585	
Astyages	585-550	Dan 14,1

Könige von Assyrien	
Name	Reg.-Zeit
Assurpanibal	669-627

Könige von Babylonien		
Name	Reg.-Zeit	Bibel
Nobopolassar	625-605	
Nebukadnezar	605-562	Daniel 1-4
Amēl-Marduk	563-561	
Neriglissar	561-559	
Nabonid	556-539	
Belschazzar	550-545	Daniel 5

ABBILDUNGSVERZEICHNIS

SACHVERZEICHNIS

BIBELSTELLENVERZEICHNIS

LITERATURVERZEICHNIS

[Kön23] Eduard König. *Die messianischen Weissagungen des AT*. Stuttgart, 1923.

[Goe28] Johann Goettsberger. *Das Buch Daniel*. Verlag Peter von Hanstein. Bonn, 1928.

[AGa04] Mark A.Gabriel. *Islam und Terrorismus*. Resch-Verlag. 2004. ISBN: 3-935197-39-X.

[Wie05] Josef Wiesehöfer. *Das Antike Persien*. Patmos Verlag. 2005. ISBN: 3-491-96151-3.

[Ide06] Idea-Spektrum. In: *Nachrichten aus der evangelischen Welt*. 25. 21.06 2006, S. 15.

[Edz] Dietz Otto Edzard. *Geschichte Mesopotamiens. Von den Summern bis Alexander dem Großen*. C.H.Beck. ISBN: 3-406-51664-5.

[Eis] Petra Eisele. *Babylon. Götterpforte oder große Hure*. ISBN: 3-491-96173-4.

[Jur] Michael Jursa. *Die Babylonier. Geschichte, Gesellschaft, Kultur*. C.H.Beck Wissen. ISBN: 978-3-406-50849-3.

[Wik]   Wikipedia. *Onlinelexikon*. URL: http : //
          www.de.Wikipedia.org/.